Minder doen,
MEER BEREIKEN

Minder doen, MEER BEREIKEN

Barbara Berckhan

DELTAS

Hartelijk welkom! 6

Eerste hoofdstuk
**1000 dingen tot bedaren brengen:
zo krijg je grip op het leven van alledag** — 8

Verdrink niet in kleinigheden 10
Vindplaatsen van kleinigheden 12
In één oogopslag: zo krijg je grip op kleinigheden 16
Schud de energievreters af 20
Weg met overbelasting 22
Gezond egoïsme 26
In één oogopslag: Zet jezelf op de eerste plaats 28
Zo zeg je makkelijk 'nee' 30

Tweede hoofdstuk
**Minder doen, meer bereiken:
werk slim in plaats van hard** — 32

Doe geen moeite 34
De stof waarvan inspanning is gemaakt 36
Doe wat je leuk vindt 38
Wat ik goed kan en graag doe 40
Zo wordt het onaangename aangenamer 44
In één oogopslag: zo gaan leven en werken moeiteloos samen 46

Het cruciale punt	48
Oog voor de essentie	50
Moeiteloos werken met het kernpunt	58
Calm @ work	62
In één oogopslag: rustig blijven wanneer stress om de hoek komt kijken	64
Zo vergroot je je persoonlijke kracht	66
Je persoonlijk kapitaal	68
Gericht een goed humeur	72

Derde hoofdstuk

Lui maar toch fit:
hoe je door nietsdoen je prestatievermogen onderhoudt — 76

Uitschakelen!	78
In één oogopslag: de kunst om onbereikbaar te zijn	82
Opgelet, burn-outgevaar!	84
Genoeg tijd om niets te doen	88
Uitrusten zonder schuldgevoel	90
In plaats van een nawoord	92
Nog meer lezen	94
Fotoverantwoording en bronnen	96

HARTELIJK WELKOM!

Je hebt het vast wel gemerkt: er is een monument dat langzaamaan afbrokkelt. Het is het monument van de noeste vlijt. Veel werken, tot 's avonds laat op kantoor of nog thuis aan het bureau zitten – lange tijd stond het in hoog aanzien. Er zijn heel veel mensen die denken dat succes ontstaat door ijver. Alleen wie zich te pletter werkt, komt vooruit en bereikt iets. Vandaag de dag twijfelen steeds meer mensen daaraan. We zijn sceptischer geworden, want veel van die ijver wordt duur betaald. Plotseling gehoorverlies, hartinfarct, burn-out… zijn de risico's en bijwerkingen van een overdreven werkdrift. Zakelijk succesvol, persoonlijk opgebrand. Ergens rijst de vraag: moet dat? Moeten we onszelf tekortdoen om verder te komen? En kun je alleen veel bereiken als je dingen opoffert? Nee, nee en nogmaals nee.

Veel doen leidt niet automatisch tot veel succes of veel inkomen. Integendeel: er is een moment waarop steeds meer doen steeds minder opbrengt.

Dat laat zich gemakkelijk aantonen met een voorbeeld. Stel je een man voor die niet al te veel ervaring met koken heeft. Omdat hij vanavond vrienden op bezoek krijgt, wil hij voor hen graag verse soep maken. Niet zomaar een soepje, nee, de beste soep. Een soep van de allerhoogste kwaliteit. Wanneer de ingrediënten in de pan zitten, proeft hij de soep. Ze smaakt een beetje flauw. Hij voegt een snufje zout toe – ja, dat is al veel beter. Al proevend denkt hij: zout, daar gaat het dus om. Hij doet er meteen nog een snufje bij. Wow! De soep is nog lekkerder. Nu meent hij het geheim van een perfecte soep te hebben ontdekt. Omdat hij de beste soep aller tijden wil opdienen, schudt hij het hele pak zout leeg in de pan. Dan is de soep niet meer te eten.

Het idee 'veel levert veel op' is gewoon verkeerd! De juiste hoeveelheid levert veel op. En net als het zout in de soep is de juiste hoeveelheid vaak eerder minder.
Als mensen veel doen, bestaat het gevaar dat ze 'de soep bederven' en daardoor geen succes hebben. Het wordt pas echt tragisch als de drukbezette mens probeert nog meer te doen om uit de ellende te komen. Stephen Covey, een Amerikaanse managementgoeroe, verwoordde het fraai.

'Meer dingen sneller doen, is geen vervanging voor het doen van de juiste dingen.'

> *Als je in je leven iets wilt bereiken, ga je dan vooral niet steeds meer inspannen. Probeer het in plaats daarvan eens op de makkelijke manier. Dat wil zeggen: met het minst mogelijke.*
> *Gooi de ballast, de overtollige last af en concentreer je op het punt waardoor je succesvol wordt. Werk liever slim in plaats van hard. Op die manier kun je met minder moeite meer bereiken. Hoe dat precies werkt, zal ik je in dit boek vertellen.*

SLIM IN PLAATS VAN HARD

Hier vind je praktische tips die je helpen om de 'veel doen'-mantra los te laten en eens een gemakkelijker weg te kiezen. Daarvoor hoef je je leven niet om te gooien of je persoonlijkheid te veranderen. Het zijn de kleine, maar geniale aanpassingen die een enorm effect hebben.
Voordat je aan de slag gaat, moet ik de deelnemers aan mijn workshops bedanken. Ze hebben me steeds weer laten zien welke tips bruikbaar zijn en welke ik gerust weg kan laten. En ik dank hen ook allemaal voor de verhalen en voorbeelden die ik in dit boek citeer.

Ik hoop dat je in dit boek heel veel suggesties en bruikbare recepten zult vinden waarmee je je leven kunt vereenvoudigen en vergemakkelijken. Zoals altijd geldt: probeer de tips uit, ontdek wat voor jou werkt en laat de rest gewoon weg. Er is absoluut geen 'moeten', alleen inspiratie en aanmoediging. Maak er het beste van.
Ik wens je daarbij veel plezier en succes.

Barbara Berckhan

Eerste hoofdstuk

»—→

1000 dingen tot bedaren brengen: zo krijg je grip op het leven van alledag

In dit hoofdstuk leer je

waarom kleinigheden geen kleinigheid zijn,

hoe je de hoeveelheid dagelijkse beslommeringen vermindert,

hoe je mensen die je tijd en energie opslokken moeiteloos kunt afhouden,

hoe je de 'veel doen'-mantra loslaat en

waarom gezond egoïsme zo belangrijk is.

VERDRINK NIET IN KLEINIGHEDEN

Moeiteloos is het zusje van gemakkelijk. Als je moeitelozer wilt leven, zorg er dan voor dat je dagelijkse leven gemakkelijker wordt. Ontdoe je van ballast, van dingen die tijd en energie vreten. Begin daarbij met een last die vaak over het hoofd wordt gezien, omdat hij schijnbaar onschuldig is. Maar alleen schijnbaar. In werkelijkheid gaat het om een ongelooflijke tijdvreter: de dagelijkse kleinigheden.

Als je het gevoel hebt dat je in je leven niet echt vooruitkomt terwijl je toch voortdurend bezig bent, heb je te maken met een overmaat aan kleinigheden. En ze zijn niet zo klein als het woord misschien doet vermoeden. Kleinigheden zijn beslist geen kleinigheid. Als ze almaar toenemen, raak je geblokkeerd. Vaak hoor ik mensen zeggen: 'Ik zou dolgraag een boek schrijven' of 'Ik wil graag zelfstandig worden en een eigen zaak opbouwen'. Wat verhindert die mensen eigenlijk dat gewoon te doen?
Het zijn de gewone dagelijkse beslommeringen die mensen dwarszitten. Ze hebben geen tijd meer voor grote dingen, de plannen worden in de koelkast gezet. En daar blijven ze omdat de kleinigheden steeds weer groot worden.

Kleinigheden zijn geen kleinigheid. Ze verhinderen dat je je grotere plannen realiseert.

Hoewel miljoenen volwassenen hier elke dag mee worstelen, is er tot nu toe nauwelijks onderzoek verricht naar de gebruikelijke dagelijkse dingen. Ik heb geen enkel wetenschappelijk onderzoek gevonden over het ontstaan en de levensduur van kleinigheden. Er restte me dan ook weinig anders dan zelf onderzoek te doen. Ik kan hier de eerste resultaten van mijn onderzoek presenteren.

KLEINIGHEDEN: WAAR KOMEN ZE VANDAAN EN HOE HANDHAVEN ZE ZICH?

Het eerste wat gewoonlijk opvalt aan kleinigheden is de onschuld ervan.

Elke afzonderlijke kleinigheid is strikt genomen inderdaad een kleinigheid; nauwelijks het bekijken waard. Daarom gaan deze futiliteiten ook vaak gepaard met woorden als 'vlug even', 'zo klaar', 'toch niet veel werk'. Daaraan zijn de kleinigheden te herkennen.
Later valt het op dat 'een kleinigheid' helemaal niet bestaat. Een kleinigheid komt namelijk nooit alleen, maar verschijnt altijd in groten getale, zoals een golf: die nieuwe spiegel ophangen, een cadeautje voor tante Sophie kopen, de auto voor de keuring afleveren, die kapotte lamp op zolder vervangen, het carnavalspak voor je kind naaien, de klerenkast opruimen, dat nieuwe programma op de computer installeren. En dat allemaal het liefst gisteren.

Hoewel het futiliteiten zijn, is het lastig ze te negeren. Alle bijkomstigheden vinden in het dagelijks leven namelijk een plekje vanwaaruit ze zich kunnen verspreiden. Ze plakken als post-its aan prikborden en koelkastdeuren. Of ze nemen de vorm aan van een to-dolijstje, dat dan het liefst goed zichtbaar op een bureau wordt bewaard. *Maar het allerliefst nestelen kleinigheden zich in je hoofd.*

Daar wurmen ze zich door onze hersenkronkels en zorgen voor stress: *Ik moet nog zoveel doen. Ik weet niet waar ik moet beginnen. Ik moet nog verschrikkelijk veel dingen afwerken die ik niet mag vergeten.*
Als zulke gedachten bij je opkomen, sta je waarschijnlijk op het punt te verdrinken in dagelijkse 'kleinigheden'.

VINDPLAATSEN VAN KLEINIGHEDEN

Praktische tips

Om te zorgen dat je niet aan de talrijke kleinigheden ten onder gaat, is het goed het 'leven' van de kleinigheden te bestuderen. Alleen op die manier kun je voorkomen dat ze zich voortdurend vernieuwen en je tijd stelen. Daarom heb ik hier de belangrijkste eigenschappen van de dagelijkse beslommeringen overzichtelijk bij elkaar gezet.

Kenmerken

⭐ Kleinigheden vermommen zich als futiliteit en hebben de reputatie dat je snel met ze af kunt rekenen. Vaak gaan ze vergezeld van 'Ik moet niet vergeten…' of 'Ik moet er even aan denken…'

Leefwijze

⭐ Kleinigheden leven altijd in een groep. Daarbij sluiten diverse verschillende klusjes zich aaneen die het liefst meteen afgehandeld willen worden.

Gedrag in het dagelijks leven

⭐ Kleinigheden zijn graag opdringerig en hebben de neiging voortdurend tot op de voorgrond te dringen. Er zijn kleinigheden die het lukt meteen gezien te worden. Ze zetten extra druk met de woorden 'opschieten!', 'vlug!', 'dringend!'

Vindplaatsen

⭐ Kleinigheden voelen zich overal thuis, maar in principe houden ze zich schuil in de hoofden van mensen. Ze nestelen zich in onze gedachten en kunnen dan daar de hele tijd doorzeuren. Tussenstations zijn de stapels papier op het bureau, stapelbakjes, briefjes naast de telefoon en lijstjes die op zichtbare plekken hangen.

Oorsprong

⭐ Elke verplichting die je aangaat, creëert in de loop van de tijd kleine taken; dingen die gedaan moeten worden. Vaak zie je in het begin nog niet de volledige afmetingen van een kleinigheid die erachter schuilgaan. De eenvoudige formule luidt: veel verplichtingen, veel kleinigheden.

WEES NIET PERFECT, MAAR ZIE DE ESSENTIE

Tijdens mijn kleine onderzoek naar het rijk der futiliteiten ben ik erachter gekomen dat bepaalde karaktereigenschappen kleinigheden in de hand werken. Bijvoorbeeld als iemand nogal perfectionistisch van aard is. Iemand dus die heel precies is en volmaakt onberispelijk wil zijn. Dergelijke eigenschappen zijn normaalgesproken geen probleem, maar als het om kleinigheden gaat, is perfectionisme een enorme versterker. Anders gezegd:

Wie neigt naar perfectionisme, is een magneet voor kleinigheden. Ja, de perfectionist ontdekt kleinigheden als eerste.

De perfectionist merkt dat het schilderij aan de muur scheef hangt. Dat valt verder niemand op. En als dat wel zo is, dan kunnen veel niet-perfectionisten heel makkelijk over een dergelijk schoonheidsfoutje heenstappen. Zo niet de perfectionist. De onvolkomenheid valt hem meteen op en hij neigt ertoe zich erin vast te bijten. Dus hangt hij het schilderij waterpas. Daarbij stelt de perfectionist vast dat zich boven op de lijst van het schilderij een dun laagje stof heeft gevormd. Hij denkt dan: eigenlijk kan ik dat ook wel meteen weghalen. En als er stof op deze lijst ligt, zal die lijst aan de muur aan de overkant van de kamer ook wel stoffig zijn. En als ik toch de stofdoek in mijn hand heb, kan ik meteen ook wel alle schilderij- en fotolijstjes afstoffen. Bij nader inzien valt het ook op dat de staande lamp stoffig is. Enzovoort. Een kleinigheid leidt tot de volgende en dan weer naar de daaropvolgende. De kracht van de perfectionist ligt in het detail, in het zorgvuldig bewerken van elk afzonderlijk ding. Maar juist dat kan onheil betekenen, want daarmee verliest de perfectionist zich in de bijkomstigheden. Als dat gebeurt, is er weinig meer aan te doen – er wordt nooit een punt achter de bezigheden gezet.

※

Om beter om te kunnen gaan met kleinigheden, moeten echte perfectionisten duidelijk oog krijgen voor de essentie. Zorgvuldigheid en nauwkeurigheid behoren tot de essentie. Het is voldoende om het onbelangrijke vluchtig maar doelgericht te behandelen. Dat betekent ook dat je sommige dingen bewust over het hoofd ziet en andere slechts oppervlakkig afwerkt.

MET DE VASTBERADENHEID VAN EEN KOENE RIDDER

Blijft nog de kwestie of de mens veroordeeld is tot het altijd strijden tegen kleinigheden. Of bestaat er een leven zonder hinderlijke banaliteiten?
Vermoedelijk niet. Maar in mijn wetenschappelijk onderzoek naar kleinigheden ben ik wel op een interessante ontdekking gestuit. Kleinigheden kunnen weliswaar niet afgeschaft, maar wel beteugeld worden. De mens kan bijkomstigheden africhten en onder controle krijgen.

Daarvoor is een zekere mate van dapperheid nodig. De vastberadenheid van een koene ridder zou niet misstaan, want de gewone dagelijkse beslommeringen zijn opdringerig. Ze zeuren en willen voortdurend je aandacht. Soms fluisteren ze ook met een verleidelijk stemmetje: 'Pas als je mij af hebt, heb je weer echt tijd voor leuke dingen.'
Geloof het niet. Kleinigheden nemen continu toe. Als je de ene berg werk achter je hebt gelaten, doemt de volgende alweer op.
Het is beter om een helder overzicht te creëren. Kijk eens goed en vraag je af: hoe komen al die taken en werkjes hier eigenlijk terecht?

Waarom komt dat allemaal bij mij terecht?

Als je het antwoord daarop weet, ben je een enorme stap verder gekomen. Nu kun je aan de slag om de kleinigheden te beteugelen.

Op basis van mijn onderzoek kan ik je de meest effectieve manieren presenteren om kleinigheden te bedwingen. Je vindt ze compact en overzichtelijk op bladzijden 16-17. Daarmee krijg je grip op de meest voorkomende dagelijkse beslommeringen.

DE ULTIEME TIP OM GRIP TE KRIJGEN OP KLEINIGHEDEN

Wil je dé tip om te weten hoe je nog moeitelozer grip krijgt op kleinigheden?

Wijzig de volgorde van je bezigheden. De kleinigheden behoren aan het eind te staan, niet aan het begin.

Als je altijd eerst de kleinigheden wegwerkt om pas daarna de belangrijke zaken aan te pakken, blijven die belangrijke dingen heel vaak liggen. Een voorbeeld: de ramen moeten gelapt worden en je moet leren voor een examen. De verkeerde volgorde zou zijn eerst de ramen lappen en daarna studeren. Daarmee geef je de kleinigheid (de ramen lappen) veel te veel van je beste energie en tijd. En datgene waarmee je echt vooruit kunt komen (het examen), krijgt niet meer dan de resterende energie. Omgekeerd is het makkelijker: doe eerst wat belangrijk is voor je leven en daarna de bijzaken.

Sinds ik boeken schrijf, heb ik de gewoonte aangenomen om de dag te beginnen met schrijven. Eerst twee tot drie uur werken aan een manuscript, daarna doen wat er verder nog ligt. Hoeveel kleinigheden er ook op me afkomen, het belangrijkste heb ik dan al gedaan. Vroeger, voordat ik werkte volgens deze simpele methode, konden kleinigheden me dagenlang bezighouden. Ik dacht dat ik eerst 'schoon schip' moest maken omdat ik daarmee ruimte zou scheppen om te schrijven. Dus hield ik me 's morgens eerst bezig met de kapotte wasmachine repareren, e-mails lezen en beantwoorden, facturen maken enzovoort. Aan het eind van de middag was alles gedaan en wilde ik met schrijven beginnen. Ik was dan een beetje moe en nam eerst maar eens een kop thee. Als ik dan zo tegen een uur of zes echt wilde beginnen met schrijven, kon ik maar twee zinnen bedenken. Mijn creativiteit en energie voor de dag waren op. Als ik zo doorgegaan was, zou mijn eerste boek misschien na een jaar of tien klaar zijn geweest. Gelukkig heb ik ontdekt dat kapotte spullen repareren en andere routineklussen met minder energie kunnen worden uitgevoerd. Ze hebben niet je beste tijd nodig.

Het belangrijkste in het leven heeft de beste tijd van de dag en je volle energie nodig. Kleinigheden horen op een zijspoor te staan.

ZO KRIJG JE GRIP OP KLEINIGHEDEN

1
Neem niet te veel hooi op je vork
Wie overal bij wil zijn, heeft het druk. Maak een scheiding tussen belangrijke en onbelangrijke dingen. Bekijk van alle verplichtingen die je bent aangegaan of je er nog altijd achter staat. Is dat niet zo, dan weg ermee. En bij elke nieuwe verplichting die je aangaat, moet je goed bedenken dat je daarmee een zak vol kleinigheden binnenhaalt.

2
Doe kleinigheden uit de losse pols
De meeste kleinigheden kunnen met weinig energie worden afgewerkt. Dus maak ze niet tot je levenswerk. Het is voldoende als je de zaak even vlug afhandelt. Bewaar nauwkeurigheid voor belangrijker zaken. Alle onbelangrijke dingen kun je wel even vlug uit de losse pols doen.

3
Uitzoeken en weggooien
Wie veel spullen heeft, heeft een probleem. Overvolle laden en planken, uitpuilende keukenkasten, afgeladen kelders of zolders… Ten eerste gaat het overzicht verloren en vervolgens heb je meer tijd nodig om te zoeken. Als de kleinigheden zich overal nestelen, is er maar één oplossing: weggooien! Alles wat je twaalf maanden niet in handen hebt gehad, is kandidaat voor de vuilnisbak (oudpapierbak, kledinginzameling enz.).

4
Bundel het werk

Bespaar jezelf honderd keer heen en weer lopen of rijden en doe dingen zo veel mogelijk in één keer: pakje naar de post brengen, postzegels kopen, extra sleutel laten maken bij de slotenmaker naast het postkantoor. Eén lijst, alles klaarleggen dat nodig is en tegelijk afwerken.

5
Schaf alleen aan wat gemakkelijk schoon te maken is

Let bij nieuwe aankopen goed op of het geen nieuwe kleinigheden zijn. Een prachtige accessoire of een superaanbieding ontpopt zich later vaak tot een belasting. Kledingstukken die alleen gestoomd mogen worden, bijvoorbeeld, of meubels die veel verzorging nodig hebben. Koop geen versieringen of snuisterijen die je er voortdurend aan herinneren dat er stof bestaat.

6
First things first

Het belangrijkste hoort bovenaan te staan, niet onderaan. Als je met de kleine klussen begint, nemen die zoveel van je tijd in dat je geen ruimte meer overhoudt voor wat echt belangrijk is. Stel prioriteiten en houd je eraan.

'Alleen als we andere dingen LOSLATEN, vinden we de VRIJHEID om ons bezig te houden met echt BELANGRIJKE DINGEN.'

Stephen Covey

SCHUD DE ENERGIEVRETERS AF

Praktische tips

Wat kan je dagelijks leven nog meer verpesten dan kleinigheden? Energievreters. Daarmee bedoel ik mensen en bepaalde situaties die op je zenuwen werken. Hier vind je de top 4 van de meest voorkomende energievreters, samengesteld aan de hand van voorbeelden van mijn cursisten.

Het roddelcircuit

⭐ 'Waar ik werk, roddelt de een nog meer dan de ander. Wie het met wie doet, wie probeert in een goed blaadje te komen bij de baas, wie wie niet kan uitstaan – en dat wordt allemaal met de tamtam verspreid. Natuurlijk is heel veel niet waar of gewoon mateloos overdreven. Die roddels hebben echter wel heel veel macht. En ze kosten ongelooflijk veel tijd en energie.'

Meetings met opscheppers

⭐ 'Meetings kosten mij echt veel energie. De opscheppers, de dikdoeners zien vergaderingen als hun podium. Het werkt me enorm op de zenuwen, omdat de echt essentiële zaken niet aan bod komen. Het is 90% aanstellerij van de showmannen en 10% concrete resultaten. De tijd die de meeting duurt, kan ik meestal echt veel beter gebruiken.'

Dringend!

⭐ 'Ik werk heel gestructureerd en volgens een rooster, dat ik normaalgesproken goed aan kan houden. Wat me echt ongelooflijk irriteert, zijn zaken die op het laatste moment met de boodschap "Dringend!" op mijn bureau gegooid worden. Ik wil graag helpen als het nodig is, maar die klussen met de aantekening "Meteen afhandelen!" lagen meestal al dagenlang bij iemand anders op het bureau voordat ze dan uiteindelijk bij mij terechtkomen. Een collega heeft ze niet gedaan en nu moet ik mijn werk laten liggen om de zaak op te lossen. Ik wind me vooral op als het woord "spoed" eigenlijk helemaal niet van toepassing is. Als iemand gewoon druk wil uitoefenen. Die truc irriteert me echt bovenmatig.'

De klachtenlijn

⭐ 'Een echte energievreter zijn klaagtelefoontjes. Mijn schoonmoeder belt me om de avond om haar beklag te doen. Ze heeft het alleen maar over haar kwalen en pijntjes en zeurt dat niemand zich om haar bekommert. Mijn vriendin ligt in scheiding en belt altijd als ze zich ellendig voelt. Soms voel ik me gewoon de vuilnisbelt. Iedereen kiept bij mij zijn ellende op de stoep.'

STOP ENERGIEVRETERS

Om energievreters te stoppen, heb je vastberadenheid nodig. Vaak zijn het mensen die je kent die aan je hoofd zeuren. Het is niet makkelijk om iets een halt toe te roepen dat je misschien allang zo gewend bent. De klagers gaan er heel vanzelfsprekend van uit dat het altijd zo door kan gaan. Om een eind te maken aan de klaagzangen van anderen moet je zelfverzekerd zijn. Je breekt met een gewoonte en dat zal de ander eerst waarschijnlijk nogal irriteren. Je hoeft echter niet met die ander te ruziën. Vaak is het voldoende om in een rustig gesprek uit te leggen wat je graag wilt veranderen.

1. Neem een duidelijke beslissing

Voordat je dit gesprek kunt voeren, moet je met jezelf in het reine komen. Besluit wat je precies wilt stoppen of veranderen.

2. Druk je wens duidelijk uit

Je vertelt de ander wat je niet meer wilt, waarmee je je niet meer wilt inlaten. Dit is voor de ander makkelijker te aanvaarden als je je wens als verzoek formuleert. Licht je verzoek toe, maar houd het kort. Geen lange rechtvaardiging. Word je niet serieus genomen, herhaal je verzoek dan nogmaals, deze keer iets nadrukkelijker. Maak echter geen verwijten en gebruik geen 'Het is jouw schuld dat…'-zinnen. Dat kan leiden tot een ruzie, die je dan weer energie en tijd kost.

3. Geef energievreters geen aandacht meer

Nadat je het gesprek gevoerd hebt, blijf je consequent. Praktisch betekent dat 'nee' zeggen elke keer dat de energievreter probeert je weer aan te klampen. Je schermt je af, houdt je handen over je oren of je gaat weg. Je onttrekt je aan wat je niet wilt: hun aandacht.

WEG MET OVERBELASTING

Wie echt hard werkt, heeft in deze wereld een boeiend probleem. Harde werkers hebben verdraaid veel te doen. Ze zijn eigenlijk altijd druk bezig en dat is redelijk uniek. Eigenlijk zouden de harde werkers toch degenen moeten zijn die veel vrije tijd hebben, juist omdat ze zo ijverig zijn en hun werk snel af hebben. De werkelijkheid is echter anders. Voor iedereen die van aanpakken weet, zijn taken die niet af zijn een soort voortdurend aangroeiende grondstof. Nauwelijks is iets klaar en hup! Er liggen alweer twee nieuwe klussen. Natuurlijk hebben alle harde werkers de hoop dat ze op een dag een heerlijk makkelijk leven zullen hebben – als alles klaar is. Hun to-dolijstje is echter nooit leeg.

Laten we de feiten eens nuchter onder ogen zien: eerst al het werk afmaken en dan lekker lui leven – dat werkt niet. Dat komt omdat het to-dolijstje nooit helemaal afgewerkt zal zijn. Als je een lekker lui leven wilt hebben, kun je maar één ding doen: leef lekker lui, ook terwijl je nog dingen af moet maken.

EERST HET WERK. EN WAT DAARNA?

Ik weet dat het voor veel harde werkers een ongewone gedachte is. Je bent immers groot geworden met een andere volgorde: eerst het werk en daarna plezier. Dergelijke normen uit de opvoeding zijn diepgeworteld. Ze zijn niet zo makkelijk af te schudden, behalve dan wanneer je in een crisis terechtkomt zoals een levensbedreigende ziekte. In dergelijke situaties wijzigen de basisprincipes van mensen vaak.
Ik denk bijvoorbeeld aan mannen en vrouwen die na een burn-out of een hartinfarct hun huidige leven kritisch onder de loep nemen.

⟶ Veel mensen stellen vast dat ze zich hebben opgeofferd voor het bedrijf, hun carrière, hun gezin.
Ze hebben alles gedaan om anderen tevreden te stellen en wilden het op een later moment rustiger aan gaan doen – na de volgende stap in de carrière, na de volgende loonsverhoging.

Wie overbelast is, denkt bij elke klus:
dat is mijn verantwoordelijkheid.

'Eerst dat nog doen en dan wordt het allemaal makkelijker' was het plan. Het hartinfarct heeft de patiënt diep geschokt. Opeens is de eigen sterfelijkheid daar. En dan moet verdrietig worden vastgesteld dat de prioriteiten verkeerd lagen. Een man van 52 jaar, die een hartinfarct achter de rug had, vertelde me eens: 'Het is bitter om te moeten constateren dat je je vergist hebt. Eerst werk en dan plezier, dat is oplichterij. Plezier kun je niet opsparen.' Echt leven tijdens je leven, dat is een goed idee.

Heb je er al eens over nagedacht hoe het werk jou vindt? Hoe kan het dat je zoveel te doen hebt?

Mijn ervaring als communicatietrainster en coach leert me dat het sommige mensen moeilijk valt zichzelf onder de loep te nemen. Bij andere mensen is het dan weer heel snel duidelijk hoe de vork in de steel zit. Daarom kan het voorbeeld van anderen een goede spiegel vormen voor jezelf.

Als het je opvalt wat bij anderen misloopt, kun je ook naar jezelf kijken. Ik geef je een voorbeeld. Anne is getrouwd, heeft een zoon en werkt met haar man in hun gezamenlijke reclamebureau. En ze is een harde werker. Anne zegt graag over zichzelf: 'Ik ben moeder en werk halve dagen.' Dat klinkt heel rustig. Alsof Anne een ingetogen leven leidt. Maar achter haar 'moeder en halve dagen' gaat iemand schuil die totaal overbelast is.

WIE HET ALS EERSTE ZIET, IS DE KLOS

Let eens op hoe de overbelasting bij Anne elke dag weer opnieuw ontstaat, zonder dat ze het zelf merkt.

→ Anne heeft samen met haar man sinds drie jaar een klein maar uiterst succesvol reclamebureau. Samen hebben ze een zoon van vijf jaar, die naar de basisschool gaat. Tot het begin van de middag werkt Anne op kantoor. Daarna doet ze het huishouden en is ze thuis om voor haar zoon te zorgen.

Anne werkt zeer zelfstandig. Ze ziet meteen wat er moet gebeuren en gaat aan de slag. Ze probeert elke dag alle taken zo goed mogelijk te volbrengen. Vandaag heeft niemand op kantoor tijd om een opdracht naar de drukker te brengen. Om te voorkomen dat deze taak te lang blijft aanslepen, doet Anne het. Ze rijdt langs de drukker voordat ze haar zoon van school haalt. Op de basisschool zijn ze bezig met de voorbereidingen voor een feest en van de ouders wordt verwacht dat ze meehelpen. Een leerkracht vraag Anne of ze misschien weer de lekkere kersentaart kan maken die ze vorig jaar ook heeft gebakken. Anne laat zich overhalen. Ze bedenkt wanneer ze de taart zou kunnen bakken. Eigenlijk heeft ze er geen tijd voor. Dan maar 's avonds laat als haar zoon slaapt; het kan niet anders.

Het huishouden van Anne werkt volgens het principe 'wie het als eerste ziet, is de klos'. Anne ziet dat er twee knopen ontbreken aan de jas van haar zoon. Ze ziet de stapel ongestreken overhemden, de berg vuil wasgoed en ze merkt dat er niet meer voldoende melk in huis is. Ze weet dat haar zoon naar de tandarts moet en ze herinnert zich dat de auto dringend eens door de autowasstraat moet. En ze is de klos. Altijd. Haar man ziet niet zoveel in het huishouden. Hij gaat 's morgens al vroeg weg en komt 's avonds laat thuis. Soms gaat hij ook op zaterdag nog naar kantoor. De zaken gaan goed. Hij heeft een paar grote opdrachten binnengehaald, maar die eisen hem totaal op.

Twee zinnen die iemand die overbelast is nooit zou zeggen:

'Kan iemand anders dat niet doen?'

'Ik heb hulp nodig.'

WAARSCHUWINGSTEKENS VAN HET LICHAAM: NEGEREN OF NIET?

Sinds enige tijd heeft Anne een fluittoon in haar oor. 'Tinnitus', zei de dokter en hij vroeg Anne of ze last heeft van stress. 'Wie heeft er tegenwoordig geen stress?' zei ze. Nee, op dit moment kan ze niet minder gaan werken – er is nog zoveel werk.

Er is nog iets anders dat Anne bezighoudt. Zij en haar man willen een huis laten bouwen. Hun eigen huis is al heel lang te klein. Hun zoon moet een grotere kamer hebben en haar man heeft een werkkamer thuis nodig. Bezorgd denkt Anne aan de bouwperiode: wie zal op de bouwplaats de zaken in de gaten houden? Dat zal ik wel moeten doen. Mijn man heeft het te druk op kantoor. En een van ons moet op het bouwterrein zijn, want anders bestaat het gevaar dat het daar misgaat. Dus dat moet ik er toch echt wel nog bij nemen. Geen idee hoe ik dat moet doen. Ik zeg altijd tegen mezelf: 'Ogen dicht en doorgaan.' Een andere keuze heb ik niet. Als we eenmaal in ons mooie huis wonen, kan ik eindelijk tot rust komen.'

Denk je dat Anne een rustiger leventje zal leiden als het huis er eenmaal staat? Het is veel waarschijnlijker dat Anne ook daarna meer dan genoeg te doen zal hebben. Wanneer het huis klaar is, moet het terras nog worden aangelegd en daarna de tuin. Dan moet haar zoon geholpen worden bij zijn huiswerk, het reclamebureau breidt uit en Anne zal daar nog meer nodig zijn. Zolang Anne zo door blijft gaan, zal ze ook in de toekomst altijd overbelast blijven.

Wees eerlijk tegen jezelf: heb je de neiging om elke taak die op je pad komt gehoorzaam uit te voeren?

GEZOND EGOÏSME

De combinatie van kind met baan vormt voor miljoenen vrouwen het gewone dagelijks leven. Overbelasting is echter niet alleen een probleem voor vrouwen. Ik had het verhaal ook kunnen vertellen vanuit het perspectief van de man van Anne. Zijn taken zijn alleen wat eenzijdiger. Geen taart bakken, geen afspraak bij de tandarts. Maar wel tot laat in de avond onderhandelen met klanten, in het weekend snel de financiële kant doorrekenen, nieuwe opdrachten binnenhalen, de hele dag niets anders aan het hoofd dan het reclamebureau.

Waarom hebben harde werkers zoals Anne altijd zoveel te doen en waar komt de overbelasting vandaan? Je hebt het vast wel door. Anne neemt de ene verplichting na de andere op zich. En daarbij *denkt* ze geen keus te hebben. Misschien is het je opgevallen dat er niet veel gepraat bij komt kijken. De taken die er liggen, worden gewoon gedaan. Geen overleg, geen discussies.
Wie uit de vicieuze cirkel van overbelasting wil komen, kan niet anders dan de vanzelfsprekendheid doorbreken. Steeds

> *Overbelasting heeft iets te maken met automatisch functioneren. Vandaar ook de favoriete zin van alle mensen die overbelast zijn: 'Voordat ik mijn tijd verdoe met erover praten, heb ik het zelf al gedaan.' Er wordt niets gezegd, maar aangepakt. Altijd weer. Dat heeft tot gevolg dat collega's, meerderen en familieleden deze voortdurende overbelasting niet echt zien aankomen. Hoe zouden ze ook? Het werk wordt gedaan en het lijkt allemaal soepeltjes te gaan.*

meer praten, onderhandelingen voeren en overleggen in plaats van automatisch alles zelf te doen. Dat gaat makkelijker als je erover nadenkt wat *echt* belangrijk is in het leven.

Staat werken op de eerste plaats of is er iets dat eigenlijk belangrijker is?

NEEM JE EIGEN BEHOEFTEN SERIEUS

Misschien is het je bij Anne opgevallen dat ze op één terrein helemaal niet zo doortastend is. Eén taak ziet ze helemaal over het hoofd. Op haar to-dolijst staat nooit 'voor mezelf zorgen'. De behoeften van anderen gaan voor, die van haarzelf staan helemaal achteraan in de rij. Ze zegt 'ja' tegen bijna elke klus, maar tegen zichzelf zegt ze 'nee'. Iemand die overbelast is, heeft geen gebrek aan verfijnd timemanagement of efficiënte werkwijzen. Het ontbreekt hem aan iets heel simpels: egoïsme.

> *Egoïstisch zijn betekent goed voor jezelf zorgen.*

Egoïsme is niet fout, egoïsme is noodzakelijk. Als iemand die het druk heeft eenmaal inziet dat hij zijn auto beter verzorgt dan zichzelf, is dat een stap in de goede richting.
Wie voortdurend te veel te doen heeft, heeft zijn werk centraal gesteld. Daarmee verwaarloost hij de bron van al zijn prestaties. Je bent zelf de oorsprong waar alle activiteiten van uitgaan. Als je ziek wordt, gebeurt er niets meer. Je geest en je lichaam zijn als een voedingsbodem waaruit alle prestaties ontstaan. Elke boer weet dat hij voor een goede oogst goede grond nodig heeft. In droog zand wil bijna niets groeien. Als je jezelf niet regelmatig 'bemest' en 'water geeft', is een miserabele oogst het gevolg.

Je eigen behoeften horen op de to-dolijst op de eerste plaats te staan! Vanaf plaats twee is er genoeg ruimte voor alle andere taken. Als je ook behoort tot de overbelaste mensen is het waarschijnlijk moeilijk om werk en taken aan anderen over te laten, doordat je bijvoorbeeld gewoon 'nee' zegt of iemand betaalt om voor je te poetsen, iets weg te brengen enzovoort. Als je zelf te weinig 'mest', te weinig 'voedingsstoffen' krijgt, kun je wel een poosje volhouden, maar op de lange termijn zal dat voortdurend tekortkomen zich wreken. Je capaciteiten worden minder en het risico om ziek te worden vergroot.

Verander daarom de volgorde waarin je dingen doet. Maak IK EERST tot je motto in het werk.

Vraag jezelf elke dag af wat je voor jezelf kunt doen. En zet het antwoord op die vraag dan helemaal bovenaan op je to-dolijst.

ZET JEZELF OP DE EERSTE PLAATS

1
Delegeer

Je hebt overzicht en ziet wat er moet gebeuren? Dan ben je een geboren leidinggevende. Zie jezelf ook zo. Neem de leiding en verdeel het werk dat moet gebeuren: 'Het volgende staat op het programma: ten eerste… en ten tweede… Wie gaat dat doen?' Of spreek mensen rechtstreeks aan: 'Ik ben echt op. Kun jij misschien voor mij…?'

2
Blijf zitten en houd vol

Niemand wil het doen? Wie altijd de verantwoordelijke rol neemt, heeft in een mum van tijd mensen om zich heen die geen verantwoordelijkheid meer nemen. Leer een dikke huid te hebben. Laat het maar gebeuren dat het werk blijft liggen. Spring niet op om de kar te trekken. Een paardenmiddel dat heel effectief is.

3
Geef voor elke verplichting die je aangaat een andere op

Ten minste één. Bij grotere taken geef je bij voorkeur twee of drie verplichtingen op. Als je bijvoorbeeld tegelijk vader of moeder wordt, een huis aan het bouwen bent, een bedrijf opricht of een megaproject afwikkelt, is het tijd om grondig op te ruimen en alles af te wijzen dat niet 100% belangrijk is.

4

'In de tijd dat ik blijf praten, heb ik het zelf al drie keer gedaan.'

Schrap deze zin helemaal. Zeg tegen anderen wat er moet gebeuren. Zeg het nog een tweede of zelfs een derde keer tegen mensen die wat traag van begrip zijn. En geen lange discussies of nieuwe argumenten. Stel duidelijke grenzen en houd vol: 'Nee, daar ben ik niet verantwoordelijk voor.'

5

Laat onaangenaam werk door anderen doen

Koop of huur de noodzakelijke diensten in. Kies voor een huishoudelijke hulp, tuinier, partyplanner, supermarkt met levering aan huis enzovoort. Ja, het kost geld, ik weet het. Maar wie goed rekent, weet dat hij zelf het kostbaarste in zijn leven is.

6

Niet klagen over hoe overbelast je bent

Wie klaagt, staat op het punt toch 'ja' te zeggen. Gewoon duidelijk bij 'nee' blijven. Geen uitvoerige toelichting. Je moet niet bedelen om begrip. Andere mensen hebben hun eigen belang voor ogen. Dat is hun goed recht. En wie houdt zich met jouw belangen bezig? Dat kan alleen jij doen, toch? Dus: wat wil jij graag?

ZO ZEG JE MAKKELIJK 'NEE'

Praktische tips

De eigen behoeften horen hoog op de to-dolijst te staan. Op nummer één! Veel mensen die overbelast zijn, vinden het in het begin moeilijk om 'nee' te zeggen, energievreters af te schudden of werk en klussen aan anderen over te laten. Ze hebben gewoon niet zoveel ervaring in het 'nee' zeggen. Ze praten om de zaak heen, spreken hun 'nee' niet direct uit en worden niet goed begrepen. 'Nee' zeggen lijkt voor hen een andere taal, met heel nieuwe klanken. Maar een nieuwe taal kun je leren, en daar help ik je graag bij. Laat je inspireren door de volgende suggesties.

MET ANDERE WOORDEN: NEE!

→ 'Tja, als niemand het wil doen, blijft het waarschijnlijk liggen. Jammer, maar niets aan te doen.'

→ 'Het spijt me, maar ik ga het niet doen.'

→ 'Ik heb geen tijd. Ik heb geen gaatje meer over in mijn agenda.'

→ 'Daarvoor ben ik niet beschikbaar.'

→ 'Heel aardig dat je me vraagt. Jammer genoeg ben ik niet vrij.'

→ 'Ik kan dat misschien sneller en beter dan jij, maar als je het vaker zelf doet, leer je het ook. Je kunt nu al meteen beginnen met oefenen.'

STOP ENERGIEVRETERS

Negeer het roddelcircuit

★ Luister niet. Fluit *Alle eendjes zwemmen in het water*. Zelfs als je niet goed kunt fluiten, klinkt het nog beter dan alle roddels.

Druktemakers en opscheppers

★ Als er in vergaderingen of meetings veel oeverloos wordt gekletst, is het goed om de spreektijd per bijdrage te beperken tot twee of drie minuten. En de resultaten meteen zichtbaar te noteren.

Dat dwingt iedereen bij de les te blijven. Verder geldt: erger je niet, maak je gewoon niet druk. Geen aandacht krijgen is altijd de beste straf voor mensen die zo graag gezien willen worden.

Slavendrijvers en zenuwlijers

⭐ Laat je niet meesleuren in de hectiek en trek je dikke huid aan. Een paar goede zinnen om de rust te bewaren: 'Is het heel dringend? Dan heb je je handen er vast vol mee! Maar ik weet zeker dat je een goede oplossing voor het probleem zult vinden' en dan werk je gewoon verder.

Eindeloze probleemverhalen en klaagzangen

⭐ Leg de luistertijd vast. 'Nee, dat past me nu niet. Bel morgen maar weer.' Of: 'Ik heb nu tien minuten om naar je te luisteren.' En vertel ook eens iets over je eigen problemen in plaats van er altijd maar voor anderen te zijn.

Het is mogelijk dat jouw nieuwe houding niet altijd vriendelijke gezichten en begrijpende hoofdknikken oplevert. Sommige mensen reageren in het begin misschien wat teleurgesteld. Je was immers jarenlang degene die als vanzelfsprekend uit zichzelf alle taken aannam en alle werkjes afhandelde. Iedereen is daar in de loop van de tijd aan gewend geraakt. En nu ga je opeens dwarsliggen. Tegenwoordig moeten de anderen vaker met je onderhandelen. De plannen van die anderen worden daardoor een beetje door elkaar gegooid. Er zijn mensen die dat niet zal aanstaan, dus houd rekening met gemor. Het is uiteindelijk allemaal een kwestie van wennen. Blijf optimistisch en ga ervan uit dat je de anderen aan iets nieuws kunt laten wennen. Voor jou is het makkelijker als je het geheel ziet als een soort trainingsprogramma. Je traint in het 'blijven zitten en volhouden'.

Tweede hoofdstuk

Minder doen, meer bereiken: werk slim in plaats van hard

In dit hoofdstuk leer je

hoe je inspanning de deur kunt wijzen en moeitelozer kunt werken,

waarom het beslissende punt je veel tijd en moeite kan besparen,

hoe je onaangenaam werk kunt verlichten,

hoe je bergen werk rustig weg kunt werken en

hoe je een goed humeur krijgt.

DOE GEEN MOEITE

Alle slimme uitvindingen sinds de industriële revolutie hadden als doel de inspanning te verminderen. Of het nu gaat om de stoommachine, de computer of het elektrisch fornuis – het ging er altijd om dat met minder inspanningen nog betere resultaten behaald zouden worden. De geschiedenis van de menselijke vooruitgang is een geschiedenis waarin moeite stukje bij beetje werd en nog steeds wordt afgeschaft. Het is dan ook des te verbazingwekkender dat inspanning vooral in de werkende wereld nog bewonderd wordt.

INSPANNING LEIDT NIET TOT SUCCES

Net als vroeger denken veel mensen nog altijd dat inspanning automatisch leidt tot succes. Jezelf afpeigeren geldt ook vandaag nog altijd als teken van ambitie en bereidheid tot presteren. Blader maar eens door de gebruikelijke carrièrehandboeken. Ook daarin wordt altijd geadviseerd hard te werken om vooruit te komen in het leven. Het lijkt wel alsof je alleen veel geld kunt verdienen als je ook veel en lang werkt.

Maar klopt dat eigenlijk wel? Verdienen alle mensen die zichzelf dagelijks tekortdoen en de hele dag druk bezig zijn veel geld? Nee, veel mensen blijven arm, ook al beulen ze zichzelf voortdurend af. En ploeteren alle miljonairs tot ze erbij neervallen? Nee, ook dat is absoluut niet bewezen.

> *Ik wil met dit boek niet voorkomen dat je je verder afbeult. Span je in als je dat een goed idee vindt. Fiets door de Alpen, doe mee met hondensleerennen in het hoge noorden of organiseer in je eentje een verjaardagsfeestje voor twintig drukke peuters. Gun jezelf een uitdaging waar jij je prettig bij voelt. Maar geloof niet langer dat je je moet inspannen om vooruit te komen of om veel geld te verdienen.*

*Waarom verplicht je jezelf om moeite te doen?
Geef jezelf in de plaats lichtheid, geef jezelf
gemoedsrust - belast jezelf niet met moeite.*

Als je goed kijkt, zie je dat inspanning gewoon maar inspanning is. Die leidt niet automatisch tot succes en ook niet tot een hoger inkomen.

Succes heeft geen inspanning nodig, maar slimheid.

Met 'slimheid' bedoel ik die pientere intelligentie die in elk mens zit. De schranderheid waardoor de mensheid in de loop van de geschiedenis al heel veel moeite heeft afgeschaft.

Zet niet in op ijver. Zet liever in op pienterheid.

Ja, het komt op jezelf neer. Daarbij is het grootste kapitaal dat je hebt je talent om af te rekenen met het ploeteren. Het begint met je innerlijke houding. Vraag eens naar het waarom van dat moeizame geploeter. Nieuwsgierig vraag je: hoe kan ik het mezelf gemakkelijker maken?

In dit hoofdstuk doe je enkele belangrijke ontdekkingen, waardoor je in de toekomst met minder moeite zult kunnen werken. Het gaat om heel eenvoudige principes die echter uiterst effectief kunnen zijn.

Eerst nemen we de inspanning eens wat nader onder de loep. Waardoor ontstaat inspanning eigenlijk?

DE STOF WAARVAN INSPANNING IS GEMAAKT

Elke overbodige inspanning ontstaat door wrijving. Dat wat eigenlijk gesmeerd zou kunnen lopen, gaat stroef. Wrijving ontstaat als je tegelijkertijd 'ja' en 'nee' zegt tegen werk. Je denkt: 'Ja, ik moet dat doen' en tegelijkertijd is je houding er een van 'Nee, ik wil het niet. Ik heb er eigenlijk geen zin in'.

Het is alsof iemand in een auto met draaiende motor de handrem aantrekt (dat is het innerlijke 'nee') en tegelijkertijd het gaspedaal indrukt ('Ja, ik moet het doen'). Natuurlijk komt de auto zo niet op gang. En wat doet een ongelukkige bestuurder als zijn auto niet vooruitkomt? Hij geeft nog meer gas – maar met de handrem nog altijd aangetrokken. Bij het werk wordt het innerlijke 'nee' bevochten door tegendruk. Je dwingt jezelf iets te doen wat je niet leuk vindt. Gas geven met een aangetrokken handrem leidt echter tot een stilstand en een hoog brandstofverbruik.

Bij het werk zien we ongeveer dezelfde effecten. Wie zich gedwongen voelt iets te doen wat hij niet leuk vindt, vordert maar moeizaam, is sneller moe en riskeert op den duur de gezondheid. Dat geldt niet alleen voor het beroep, maar voor elke bezigheid. Veel mensen doen ook privédingen die ze niet echt willen doen. Ze gaan naar feestjes en manifestaties, waar ze zich niet lekker voelen. Ze nemen verplichtingen op zich die ze vervelend vinden, ze bewaren of onderhouden dingen die hun allang geen plezier meer opleveren.

Alles wat je doet met een innerlijke 'nee' wordt zwaar.

En als je jezelf daarbij ook nog eens onder druk zet omdat je perfect of snel wilt zijn, stijgt de inspanning. Het werk wordt steeds zwaarder. Hier zijn twee krachten aan het werk die elkaar tegenwerken in plaats van elkaar te versterken. De ene kracht is het 'moeten' en 'zullen'. Die kracht dringt aan op doen. De andere kracht is het innerlijke 'nee' dat tegenhoudt.

HET INNERLIJKE 'NEE'

Wat kun je doen om een einde aan de inspanning te maken?
Ontdek eerst eens waar je in je leven wilt rijden met een aangetrokken handrem.
Waar werk je met een innerlijke 'nee'?

WERK

Welke bezigheden of taken roepen je innerlijke afweer op?

_____

_____

Waar doe je iets wat je niet echt wilt?

_____

_____

_____

PRIVÉ

Waar dwing je jezelf tot iets wat je niet wilt?

_____

_____

Wat doe je in je gezin of in je relatie, hoewel het innerlijk een 'nee' oproept?

_____

_____

_____

DOE WAT JE LEUK VINDT

Je 'nee' is de sleutel om aan de inspanning te ontsnappen.

*Zeg 'ja' tegen je 'nee'.
Onder je 'nee' schuilt
namelijk wat je graag doet.*

Onder je 'nee' liggen je echte interesses, gaven en talenten. De dingen die je motiveren. Als je wat je doet leuk vindt, werk je zonder moeite, zonder innerlijke weerstand.

»⟶ Ik heb de gewoonte aangenomen om elke belasting in mijn werk aandachtig waar te nemen. Lange tijd heb ik tijdens mijn workshops een inspanningsdagboek bijgehouden. Ik schreef alles op wat me moeite kostte. Steeds wanneer ik merkte dat ik op het punt stond mezelf af te beulen, noteerde ik dat in twee of drie trefwoorden. Ik schreef ook op wat vanzelf ging, wat ik makkelijk en zonder moeite kon afwerken. Na drie workshops had ik een duidelijk beeld van wat mijn echte sterkten als communicatietrainster zijn en waar ik mezelf moest dwingen om iets te doen. Ik begon alles wat me moeite kostte te vervangen door wat ik goed kan en makkelijk vind. Daardoor werden de workshops ook voor mijn cursisten minder inspannend. Ze hadden meer plezier en leerden meer te ontspannen. De beoordelingen van de cursisten werden steeds positiever en ik kreeg veel vaker opdrachten voor nieuwe workshops van bedrijven. Mijn zaak genereerde meer omzet en ik verdiende meer geld.

CONCENTREER JE OP JE STERKE PUNTEN

Inspanning ontstaat door een gelijktijdig 'ja' en 'nee'. En moeiteloosheid ontstaat door liefde. Een groot woord, maar er schiet me niets beters te binnen.

Als mensen houden van hun werk, staan ze innerlijk in de 'ja'-stand. Ze zijn als vanzelf gemotiveerd. Gebrek aan motivatie is er alleen waar mensen zonder een innerlijke 'ja' werken. Als je doet wat je leuk vindt, werk je met je gaven en talenten. Je hoeft jezelf niet te dwingen of je tanden op elkaar te zetten. Het is de grootste verspilling van energie en intelligentie als je elke dag weer iets moet doen wat je eigenlijk niet zo interesseert, en dat je waar je enthousiast van wordt alleen in je vrije tijd kunt doen. Of helemaal niet.

»⟶ Ik ben ervan overtuigd dat ieder mens iets in zich heeft wat voor de wereld van nut is. Dat er geen mensen zonder gaven zijn. Ik herinner me een secretaresse die zich als zelfstandige heeft gevestigd met een eigen bedrijf. Toen ik haar leerde kennen, dacht ze dat ze geen talenten had. Ze was 'maar' secretaresse, kon een beetje typen en wat administratie doen. Er waren dingen in haar toenmalige baan die haar tegenstonden, dingen overtypen bijvoorbeeld. Maar organiseren, archiveren en documenteren deed ze graag. Dat was in haar ogen echter geen talent. Maar mensen zonder talenten bestaan niet. Alleen mensen die hun talenten niet serieus nemen en zichzelf niet naar waarde schatten.

Vaak ziet iemand zijn talenten pas als iemand anders ze ziet. En dat ontbrak bij deze deelneemster. Pas tijdens een workshop merkte ze dat haar talent op het gebied van kantoororganisatie iets was wat anderen goed konden gebruiken. Het duurde nog twee jaar voordat ze zich met haar talent op het gebied van organiseren zelfstandig vestigde. Ondertussen verkoopt ze haar bureauwerk per dag of per uur aan start-ups, ondernemers en kleine bedrijven. Ze organiseert het archiveren, zorgt voor passende documentatie en maakt dat de administratie functioneert. Nu verdient ze beduidend meer dan voorheen. En ze is, zoals ze zelf zegt, 'honderd keer gelukkiger'. Haar succes dankt ze aan een eenvoudig recept: *concentreer je op je eigen sterkten en laat wat je niet ligt links liggen.*

Als je moeitelozer wilt leven en werken, doe dan wat je leuk vindt. Gebruik je sterke punten en je talenten. Waar je 'ja' is, ligt de oplossing.

WAT IK GOED KAN EN GRAAG DOE

Zorg ervoor dat je met wat je leuk vindt om te doen ook je brood kunt verdienen. Alleen als je je sterke punten en talenten serieus neemt, kunnen anderen jou ook serieus nemen. Als je gelooft in je waarde kunnen anderen je daarvoor goed betalen.

JE PASSIE

Ontdek waar je warm voor loopt, wat je met enthousiasme doet.

Welke bezigheden maken je blij?

_____

_____

Waar zou je je graag 100% voor inzetten of volop voor willen gaan?

_____

_____

Wat zou je voor werk willen doen als het inkomen geen rol speelt?

_____

_____

ZONDER MOEITE

Wat je goed kunt zonder dat je je ervoor hoeft in te spannen.

Wat gaat je gemakkelijk af?

_____

_____

Wat vond je als kind altijd al leuk om te doen?

_____

_____

Tijdens welke bezigheden vergeet je de tijd?

_____

_____

JE GAVEN EN TALENTEN

Wat zijn je sterke punten en waar zou je je vaardigheden voor kunnen gebruiken?

Wat zouden vrienden antwoorden op de vraag wat jou erg ligt?

_____

_____

Je gevoel voor esthetica, schoonheid, muzische vaardigheden... Waaruit blijken die?

_____

_____

Sociale vaardigheden: kun je goed met mensen omgaan, goed luisteren of je inleven?

_____

_____

Humor, optimisme, oriëntatievermogen... Welke van je sterke kanten heb je tot nu toe niet in beroepsmatige context getoond?

_____

_____

Logisch denken: waar gebruik je deze vaardigheid tot dusverre? Hoe is het gesteld met je nauwkeurigheid of concentratievermogen?

_____

_____

Wat is voor jou zo vanzelfsprekend dat je het misschien nog nooit als talent hebt beschouwd?

_____

_____

Hoe staat het met je spreekvaardigheid, uitdrukkingsvaardigheid, iets uitleggen?

_____

_____

Welke van je gaven werden nog niet benoemd?

_____

_____

'Als SUCCES betekent dat je gelukkig kunt zijn, ben JE dan op de JUISTE WEG?'

Timber Hawkeye

ZO WORDT HET ONAANGENAME AANGENAMER

Zelfs als je met veel liefde werkt, kan het gebeuren dat je soms onaangename klussen te doen krijgt. Iets wat je absoluut niet leuk vindt. Het doel is natuurlijk dat je zo weinig mogelijk van dat soort klussen tegenkomt. Maar mocht het onvermijdelijk zijn, dan is het een goed idee om de zaak niet onnodig moeilijk te maken voor jezelf.

De kunst om het onaangename aangenamer te maken, bestaat erin dat je er geen innerlijke weerstand tegen opbouwt.

Denk eraan dat inspanning ontstaat als je tegelijk 'ja' en 'nee' zegt. Als je besluit iets te doen, maak je dan los van het 'nee'. Onaangename klussen kun je makkelijker aan als je je er niet tegen verzet. Praktisch ziet dat er zo uit: je concentreert je op wat je doet, zonder erbij stil te staan dat je dit werkje eigenlijk niet leuk vindt. Je schenkt geen aandacht aan het 'nee' en klaart de klus. Als je bijvoorbeeld niet graag ramen lapt maar het toch wilt doen, dan lap je ze gewoon. Stop met innerlijk commentaar te geven. Als je je innerlijk verzet en voortdurend dingen denkt als 'Oh wat haat ik dit! Ik krijg die stomme ruiten gewoon niet schoon. Wat een ellende!' wordt het heel vermoeiend voor je en duurt het waarschijnlijk ook langer.

Dat geldt ook voor situaties die je niet leuk vindt. Allereerst is het goed eens te bedenken op welke manier je uit die onaangename situatie kunt komen. Als dat niet lukt of je hebt besloten toch vol te houden, stop dan alle 'nee'-gedachten. Zo kun je bijvoorbeeld het bezoek aan de tandarts makkelijker verdragen of een stom feestje zonder zuchten doorstaan. Over het geheel genomen kun je makkelijker leven en werken als je je 'ja' en 'nee' duidelijk erkent en ook de juiste plaats geeft. Eigenlijk is het heel simpel: als je gas geeft, doe je dat met de handrem los en wil je remmen, dan duw je het gaspedaal gewoon niet langer in.

Als je iets gaat doen dat je niet leuk vindt,
stop dan je innerlijke 'nee'.
Verzet je niet langer en klaar de klus.

Let eens op de manier waarop je in gedachten met jezelf praat. Als je jezelf vertelt dat je iets 'moet' of 'zult', zet je jezelf onder druk ('Ik moet nu echt eens de kelder opruimen' of 'Ik moet stoppen met roken'). Iedere vorm van druk brengt automatisch tegendruk met zich mee. Deze tegendruk ervaar je in de vorm van vermijden, geen zin. Beter dan 'moeten' of 'zullen' zijn keuzes. Je kiest ervoor om iets te doen of te laten ('Ik ruim de kelder op en begin daar nu mee' of 'Ik stop met roken. Vanaf nu geen sigaret meer'). Vraag jezelf af of je niet liever wilt kiezen in plaats van jezelf onder druk te zetten.

LAAT 'NEE'-GEDACHTEN LOS

Maak het je makkelijk door meer inzicht te krijgen, namelijk: een innerlijk 'nee' bestaat uit gedachten. Een mens denkt eerst en voelt dan wat hij denkt. Het innerlijke 'nee' was in het begin gewoon een gedachte die zei: *'Oh, dat is echt stom. Daar heb ik geen zin in.'* Daardoor voel je je lusteloos. De beste manier om hieruit te komen is de 'nee'-gedachten loslaten en daarmee de innerlijke weerstand een halt toeroepen.

ZO GAAN LEVEN EN WERKEN MOEITELOOS SAMEN

1

Inspanning is geen deugd

Het leven is geen tranendal en werken mag leuk zijn. Neem afscheid van oude idealen die zeggen dat je je geld moet verdienen met zwaar, zweterig en zwoegend werk. Je kunt heel succesvol leven en werken zonder moeite. En als je wilt zweten, ga je sporten.

2

Verdien je geld met je talenten

Het leven is een lange inspanning als je voortdurend iets moet doen dat je niet ligt. Werk met je gaven. Verdien je geld met iets wat je graag doet. Observeer jezelf de komende weken eens en kijk van welke dingen je enthousiast wordt. Daar ligt je persoonlijke schat. Graaf die op.

3

Doe meer dingen die je leuk vindt

Richt je werk zo in dat je het leuk vindt, althans voor het grootste deel. Je hebt het recht te doen wat je plezier geeft. Daar haalt ook je werkgever voordeel uit. Wie met plezier werkt, is namelijk productiever dan iemand die morrend doet wat moet.

4
Overleggen, verdelen, overdragen

Spreek met je leidinggevende en collega's eens over een herverdeling van de werkzaamheden. Ruil onprettige klussen in tegen dingen die je graag doet. Neem niet zomaar iets voor je rekening omdat 'het altijd zo gegaan is'.

5
Volg de rode draad

Geef jezelf iets dat je wilt bereiken. Misschien is het iets dat je graag wilt zijn of iets dat je mee wilt maken. Als je het leuk vindt, is het je rode draad. Verlies wat je op de lange termijn nastreeft niet uit het oog.

6
Stop het 'nee'

Als je – om welke reden dan ook – iets moet of wilt doen wat je eigenlijk niet leuk vindt, dan geldt: schakel je innerlijke 'nee' uit. Negeer alle gedachten die je vertellen hoe verschrikkelijk die klus of die situatie is. Concentreer je op wat moet gebeuren. Daarmee voorkom je wrijving en stress.

HET CRUCIALE PUNT

Om succes te hebben hoef je niet uitzonderlijk veel of hard te werken. Het gaat er meer om dat je precies het juiste doet. Nameijk dat wat functioneert en echt het gewenste resultaat oplevert. Dit noem ik het 'cruciale punt' of het 'kernpunt'. Het kernpunt is het punt dat iets in gang zet. Het is de juiste aanzet waardoor verder alles vanzelf gaat. Als je vanuit het cruciale punt werkt, dan werk je als een chirurg die precies weet wat hij wil opereren en op welke manier. Hij maakt slechts enkele gerichte incisies en gaat daarna zonder omwegen op zijn doel af.

Het is daarbij volkomen overbodig om ijverig te zijn.

Niemand zou zich laten opereren door een 'ijverige' dokter die extra lang opereert en bijzonder veel aan het lichaam van zijn patiënt verandert. Het weinige dat de kern raakt, is volmaakt. Om met dit weinige veel te bereiken, is het belangrijk dat je het cruciale punt kent. Wat is dat kernpunt echter precies en hoe vind je het?

KLIK EN OPEN

Denk eens aan een fles vruchtensap. Als afsluiting heeft een fles sap vaak een schroefdop. Deze dop zit soms heel vast. En zijn je handen wat vochtig, dan moet je heel wat kracht gebruiken voordat de dop eindelijk begint los te draaien. Als de afsluiting niet kan worden geopend door gewoon te draaien, kun je ook altijd nog ijver inzetten als strategie. Meer inspanning leveren. Daarbij draai je steeds steviger aan de dop, je gezicht verkrampt, je zet je tanden op elkaar en gromt. Misschien draait de dop nu los, misschien ook niet. Natuurlijk weet je goed genoeg dat het veel makkelijker gaat door het op een andere manier te proberen. Je draait de fles om en geeft een stevige klap op de onderkant. Nu kan de dop heel gemakkelijk losgedraaid worden.

Stop met het doen van alles.
Concentreer je op de kern, op het weinige
dat de zaak in beweging brengt.

Wie weet wat de kern van de zaak is, doet niet heel veel moeite, maar tikt meteen op de onderkant van de fles om die te openen en het sap te kunnen uitschenken. Wat bij het openen van die fles werkt, geldt ook voor de meeste andere bezigheden: er is een 'juiste draai'. Als je die kent, kun je het jezelf makkelijk maken.

UIT DE DAGELIJKSE SLEUR

Als ze het kernpunt niet kennen, neigen ijverige mensen ertoe heel veel te doen onder het motto: 'Als ik *alles* doe wat van me verlangd wordt, dan kan ik gerust zijn'. En dan doen mensen echt *alles* in plaats van zich te concentreren op het cruciale punt. Wie echter *alles* doet, heeft het heel druk. Zo druk dat de tijd ontbreekt om rustig na te denken over de vraag wat hier de juiste draai zou kunnen zijn. Van mensen die het druk hebben, hoor je vaak: 'Ik zou graag wat meer kunnen nadenken over de vraag hoe ik rationeler te werk zou kunnen gaan, maar daar heb ik geen tijd voor. Ik heb zo waanzinnig veel te doen!' IJverige mensen lijken meestal rond te rennen in zo'n rad voor hamsters. Het feit dat ze voortdurend bezig zijn, heeft tot gevolg dat ze geen tijd hebben.

> *Om het cruciale punt te vinden, heb je een compleet andere werkhouding nodig dan die van de drukke mens: een rustige, ontspannen geest en voldoende afstand tot de taak waar het om gaat. We hebben namelijk tijd nodig om na te denken. Daarom is het eerste hoofdstuk in dit boek zo belangrijk. Breng de 1000 dingen in je leven tot bedaren. Zorg dat je niet overbelast bent en overstelpt met kleinigheden. Geef jezelf zo veel mogelijk ruimte. Pas als je uit de tredmolen van drukte bent gestapt, kun je met weinig inspanning veel bereiken.*

OOG VOOR DE ESSENTIE

Bekijk de taak waar je voor staat en zoek eerst het cruciale punt. Leid je denken in de juiste richting met behulp van bepaalde vragen.

DE ESSENTIE

Soms is één vraag al voldoende om de juiste draai te vinden. En soms zijn alle vragen nodig om het cruciale punt te ontdekken.

Hoe moet het resultaat eruitzien, wat zou hier een succes zijn?

_____

_____

Waar gaat het bij deze klus in essentie om?

_____

_____

DE BESLISSENDE STAP

Stop met te veel doen. Concentreer je op het weinige dat de zaak op gang brengt.

Welke activiteit, welke maatregel zou voor jou echt een stap voorwaarts betekenen?

_____

_____

Wat zou je bij deze taak kunnen doen om met weinig inspanning succesvol te zijn?

_____

_____

DE JUISTE DRAAI IS GEWOON GENIAAL

Ontdekte kernpunten zijn in feite iets heel eenvoudigs. Ze zijn, zoals alles wat geniaal is, vrij simpel. Heeft iemand de juiste draai eenmaal gevonden, dan is hij altijd verbaasd te zien hoe eenvoudig de zaak is. Net zo simpel als een tik op de bodem van de fles vruchtensap. Niets bijzonders, toch? Maar je moet het wel weten. Voor wie zoiets net ontdekt heeft, is het een echt 'Aha!'-moment. Laat me de zoektocht naar het kernpunt verduidelijken aan de hand van een voorbeeld. Ik gebruik daarvoor een situatie waarin veel mensen zich heel goed kunnen inleven: het organiseren van een familiefeestje.

»⟶ Harry, een deelnemer van een van mijn workshops, wilde een familiefeestje op poten zetten. Zijn ouders vierden namelijk hun zilveren bruiloft. Wie zoiets al eens heeft gedaan, weet hoeveel tijd en kracht het organiseren van een feest kan kosten. Harry begon vol ijver aan de voorbereidingen. Hij bedacht wat hij *allemaal* moest plannen en bedenken. Na een paar minuten plannen zuchtte hij: 'Pfff...', en begon zijn slapen te masseren. Duidelijke tekens dat hier met vlijt gewerkt werd.

Vlijt zegt: 'Pfff...' en kernpunten zeggen: 'Aha!'

Ik heb samen met Harry het geheel vanaf het begin doorlopen. Daarbij ging het niet om 'alles doen', maar vooral over de juiste draai vinden: wat volgens Harry het feest echt tot een succes zou maken. De rest komt voort uit dat beslissende punt. Maar wat is het cruciale punt bij een zilveren huwelijk? Hier is het belangrijk om concreet te worden. Geen vaag geklets als 'een mooi feest' of 'een gezellige sfeer'. Dat is op elk feest van toepassing en dus veel te algemeen. Wat zou van *dit* feest een succes maken met precies *deze* familie?

> *Als je de juiste draai zoekt, neem dan de tijd om de antwoorden te vinden en ontspan. Je gedachten mogen buitelen en salto's maken. Geen druk. Alleen een ruime blik en nieuwsgierigheid, meer heb je niet nodig.*

ZO WORDT IETS PLANNEN KINDERSPEL

Lees hierna hoe ik met Harry het cruciale punt ontdekte. Je zult zien dat het even geduurd heeft voordat Harry uit de 'alles doen'-modus kwam. Maar toen vond hij de juiste draai en vanaf dat moment was het allemaal heel doodeenvoudig. Wat volgt is een deel van ons gesprek.

Voorbeeld: het familiefeest

Ik: 'Waar gaat het in essentie om bij het zilveren huwelijk van je ouders?'
Harry: 'Eh, eerst de uitnodigingen. Het eten moet voorbereid worden. Nee, we gaan naar een restaurant, want niemand heeft thuis genoeg ruimte. Er komen ongeveer 40 mensen. En iemand moet een toespraak houden. Als oudste zoon moet ik dat waarschijnlijk doen...'
Ik: 'Ja, er zijn heel veel dingen die geregeld moeten worden. Laten we de details eerst eens buiten beschouwing houden. Wat zou voor jou, je ouders en de rest van de genodigden de essentie van dit feest kunnen zijn?'
Harry: 'De essentie? Daar heb ik nog niet over nagedacht... Natuurlijk! Dat het allemaal goed gaat.'
Ik: 'Wat, zou je zeggen, is dus waar dit zilveren huwelijk om draait?'
Harry: 'Waar het om draait? Nou, in essentie gaat het erom dat mijn ouders in het zonnetje worden gezet als echtpaar. Dat we vieren dat ze al zo lang bij elkaar zijn.'

Ik nam een vel papier en tekende een cirkeltje: het cruciale punt. In de cirkel stond: 'Ouders worden in het zonnetje gezet.'

Ik: 'Het cruciale punt is dat je ouders in het zonnetje worden gezet. Hoe zou je dat kunnen doen?'
Harry dacht even na: 'Door hun huwelijk nog eens de revue te laten passeren. Misschien kunnen we een soort huwelijkskrant maken met foto's uit de tijd dat ze elkaar leerden kennen. En uit de periode dat wij, de kinderen, geboren werden. De foto's kunnen dan worden getoond in de vorm van dia's, zodat iedereen ze kan zien. Er zijn ook nog wel wat video-opnamen van vakanties van mijn ouders.'

Ik schreef wat Harry zei in trefwoorden in de cirkel. Nu stond er: 'Ouders in het zonnetje, foto's, huwelijkskrant, video-opnamen.'

Ik: 'Goed, als die dingen cruciaal zijn, wat is er dan nodig om die ideeën zo goed mogelijk te realiseren?'

Toen rolden we de totale organisatie van het feest uit vanaf het cruciale punt. Ik tekende een tweede cirkel om het kernpunt.

Harry: 'Ik moet eerst de foto's en video's bij elkaar zoeken. Daar kunnen mijn broers en zussen en andere familieleden me bij helpen. Ik zou dat erbij kunnen schrijven op de uitnodiging: wie iets heeft, kan het mij bezorgen. Bij mijn ouders zal ik voorzichtig spioneren om goed materiaal te kunnen verzamelen. Verder hebben we een ruimte nodig die verduisterd kan worden. Mijn broer kan zich wel bezighouden met de technische zaken, zoals de diaprojector, het videoapparaat en dat soort dingen.'

Harry ging maar door en ik haastte me om alle ideeën op te schrijven. Ik verdeelde de tweede cirkel in een paar grote delen zoals 'restaurant', 'uitnodigingen', 'techniek' en schreef mee met Harry. Hij had het over het eten en kwam tot de conclusie dat een koud buffet het beste zou zijn omdat *'je immers niet weet hoelang alles duurt: de toespraak, de huwelijkskrant, de fotomontage…'* Nu kwam Harry pas echt goed op dreef en hij bedacht allerlei mogelijkheden om de feestruimte te versieren, hoe de uitnodigingen eruit moesten zien en welke anekdotes oom Herman nog zou kunnen vertellen.

Dat alles kwam te staan in een derde grote cirkel, die ik rondom de eerste twee cirkels tekende. In de derde cirkel

Richt je op de essentie: werk vanuit de kern toe naar de details langs de rand.

stonden details en nog meer dingen die ook heel leuk zouden kunnen zijn om van het feest een succes te maken.

∽∽

Mijn gesprek met Harry duurde maar een paar minuten, maar leverde heel veel op. Uiteindelijk had hij een papier in de hand met een overzicht van de essentiële punten. Het leek wel een volgeschreven schietschijf.

Het kernpunt is meestal iets heel eenvoudigs.
Het is zo simpel dat je het vaak over het hoofd ziet.

Harry was verbaasd hoe simpel organiseren vanuit het cruciale punt was. Het feest werd overigens een groot succes. Harry vertelde me telefonisch dat het allemaal geweldig verlopen was. De familie en bekenden hadden foto's gezocht. De dia's en video's zorgden ervoor dat iedereen herinneringen ophaalde en van het ene verhaal kwam het andere. Zijn ouders waren diep ontroerd. Hij had dus precies de juiste snaar geraakt.

VIND HET EENVOUDIGE IN HET INGEWIKKELDE

Wanneer je de juiste draai hebt gevonden, zul je al snel zien dat alles goed draait. Zolang je het cruciale punt echter niet gevonden hebt, zul je waarschijnlijk veel tijd, moeite en geld in de zaak investeren.

Daarbij kun je natuurlijk geluk hebben en toevallig de juiste draai vinden, zoals een jager die in een bos urenlang in het niets schiet en daarbij toevallig een fazant raakt. Heb je pech, dan schiet je ernaast. En dan bestaat het gevaar dat je je geringe succes wilt verbeteren met nog meer inspanning. Dus ga je met twee jachtgeweren en nog meer munitie op weg.

Als je daarentegen gericht te werk gaat, kun je met weinig moeite veel bereiken.

> *Hier wil ik een belangrijke kanttekening bij plaatsen. Het feest van Harry was een succes omdat hij het cruciale punt voor zijn ouders en zijn familie had gevonden. In een andere familie kan er een ander cruciaal punt zijn. Misschien muziek en dans of een uitstapje. Er is bij feesten, vergaderingen, evenementen en andere gebeurtenissen geen gemeenschappelijk cruciaal punt, maar altijd slechts één kernpunt dat past bij de aanleiding en de mensen. Dat geldt ook voor de zakelijke sfeer. Ook voor marketing, klantenservice en personeelszaken is er geen eeuwig geldend, algemeen cruciaal punt. Je kunt de passende draai die werkt voor je medewerkers, je klanten en je producten echter wel ontdekken.*

Neem wat tijd en wat rust, ga op de loer liggen en spoor wat goed werkt op. Bij ingewikkelde taken is het ontdekken van het cruciale punt een echte kunst. Dat komt omdat de meeste mensen zich gemakkelijk laten vangen door ingewikkelde verbanden en voorwaarden. En in de wirwar van iets ingewikkelds zie je het eenvoudige snel over het hoofd.

VOORBEELDEN VAN VALKUILEN

Ik geef je hier drie voorbeelden, die allemaal één ding gemeen hebben: de betrokkenen staan voor een taak waarvan ze dachten dat die te ingewikkeld was. En er leek daarom geen echt kernpunt te zijn dat alles makkelijker zou kunnen maken. Dat punt was er echter wel, zoals je zult ontdekken.

De eigenaresse van een winkel voor poppen en historisch speelgoed

»—→ 'Mijn winkel bestond al bijna twee jaar, maar er kwamen nog altijd veel te weinig klanten. Daarom probeerde ik meer bekendheid te krijgen door reclame te maken. Ik heb veel geld in advertenties gestopt, maar die leverden weinig op. De cruciale vraag die me het meest heeft geholpen, was: waar gaat het in feite om? Ik wilde mijn winkel gewoon bekender maken. De mensen moesten naar mijn winkel komen, maar ze moesten dan wel weten dat mijn winkel bestond. Het cruciale punt was bekend te worden zonder daarvoor veel geld uit te geven. Bekend worden doe je via de media, dacht ik. Via televisie, radio en kranten bereik je veel mensen. Een vriendin van mij werkt soms voor de radio en ik heb haar gevraagd om me te helpen. Ze heeft een reportage gemaakt over speelgoed dat in de vergetelheid was geraakt en daarbij heeft ze mijn naam genoemd. Niet lang daarna kwam de regionale televisie langs en maakte ook een korte reportage over historisch speelgoed. Die beide uitzendingen waren voldoende om beduidend meer klanten te lokken. Als je ziet wat die eerdere advertenties me hebben gekost, waren de kosten en moeite voor deze reportages eigenlijk gering, maar toch leverden die wel veel meer succes op.'

Een natuurkundige bij een groot internationaal onderzoeksinstituut

»⟶ 'Ik moet steeds weer spreken voor mensen die geen flauw idee hebben wat wij hier onderzoeken. Dergelijke lezingen vormden een groot probleem voor mij, want ik moet in een uur tijd iets uitleggen waar ik zelf jaren voor heb gestudeerd. Mijn lezingen vergden altijd heel veel voorbereidingswerk. Ik maakte sheets en dia's om de onderzoeksschema's uit te leggen. En tijdens de lezing leidde ik formules af om de theoretische achtergrond duidelijk te maken. Ondanks al die moeite kwamen mijn lezingen niet echt over bij het publiek. De mensen leken niet geïnteresseerd, er kwamen weinig positieve reacties. Om beter te worden, maakte ik nog meer sheets, schaafde ik aan de tekst, nam ik nog meer informatie op in de lezing. Vaak werkte ik wel twee dagen aan een lezing van amper een uur. Voor mij was de meest cruciale vraag: wat zou succes hebben? Dat heb ik ook gevraagd aan twee van mijn toehoorders en zij antwoordden dat ik begrijpelijker moest praten. Zo begrijpelijk dat ook iemand die niet acht jaar natuurkunde heeft gestudeerd mijn uitleg zou begrijpen. Ze hadden natuurlijk gelijk. Maar hoe moest ik ingewikkelde natuurkundige processen uitleggen in eenvoudige bewoordingen? Dat was voor mij echt een raadsel. De juiste draai die me daarbij heeft geholpen was me voorstellen dat ik de lezing hield voor een kind van twaalf. Als een kind het meeste begrijpt, ben ik over het algemeen begrijpelijk. Mijn volgende lezing heb ik inderdaad getest op mijn zoon. Als hij iets niet begreep, had ik het te ingewikkeld verteld. Zo heb ik geleerd het vakjargon los te laten. Mijn lezingen zijn nu heel anders. Ik geef een algemeen overzicht en gebruik heel simpele illustraties. De natuurkundige principes leg ik uit aan de hand van voorbeelden uit het dagelijks leven. Eenvoudige natuurkundige feiten breng ik ook meteen naar voren. Het geheel maak ik wat luchtiger met grappige anekdotes. Mijn lezingen oogsten ondertussen veel applaus en leveren me plezier op.'

De assistente van een manager

»⟶ 'Als assistente was ik vanaf het begin voor alles verantwoordelijk. Reizen organiseren, afspraken maken, mensen ontvangen en tevredenstellen, vergaderverslagen typen en versturen... Een allegaartje van taken. Om dat allemaal gedaan te krijgen, zette ik van 's morgens vroeg tot 's avonds laat alles op alles. Mijn chef complimenteerde me steeds om alle moeite die ik deed, maar ik was na twaalf maanden totaal uitgeput. Het probleem was dat ik ondersteuning nodig had. Het was gewoon te veel werk voor één persoon. En dat moest ik mijn chef duidelijk maken. Ik ben met het idee van een kernpunt aan de slag gegaan. In plaats van hem haarfijn uit te leggen hoeveel ik wel niet werkte, heb ik mijn chef gevraagd wat voor hem de essentie van mijn takenpakket was. Hij antwoordde zonder aarzelen dat het regelen van afspraken en vergaderingen voor hem beslist essentieel was. Toen heb ik hem verteld dat ik dat graag wilde blijven doen, maar dat er voor alle andere dingen, vooral de administratie, toch echt nog een extra persoon nodig was. Het voordeel voor hem lag voor de hand. Ik zou me beter kunnen concentreren op wat voor hem belangrijk was en ik zou hem nog meer kunnen ontlasten. Dat heeft hem overtuigd. Na wat heen en weer praten stemde hij toe. Ik kreeg een collega en sindsdien werk ik veel meer ontspannen.

Als je slim wilt werken, zorg er dan voor dat je daar voldoende ruimte voor hebt. Houd je zo weinig mogelijk bezig met machtsspelletjes, hiërarchische dwang en andere blokken aan het been. Daarmee verdoe je tijd en energie. Ook hier geldt:

Minder is meer. Minder gedoe en minder aanpassingen, meer concentratie op wat echt belangrijk is.

Waar men probeert tijd en kosten te besparen, zijn kernpuntjagers welkome en veelgevraagde talenten. In de economie is er op dit moment veel behoefte aan mensen die in staat zijn zelfstandig te werken en elegante oplossingen te vinden. Mensen met een dergelijke creatieve knowhow worden niet betaald naar hun ijver. Overuren op kantoor en het wegwerken van stapels dossiers is geen oplossing. Wie met weinig moeite veel wil bereiken, heeft andere arbeidsvoorwaarden nodig: de vrijheid om eens iets nieuws te proberen, leermogelijkheden en inspiratie door gesprekken met anderen.

MOEITELOOS WERKEN MET HET KERNPUNT

Praktische tips

Ik heb geen idee voor welke taken en problemen jij op dit moment staat. Misschien wil je je badkamer renoveren of speel je met het idee om je zelfstandig te vestigen, een tuin aan te leggen of je in het bedrijf omhoog te werken.

Om de juiste draai te vinden, heb ik een uitvoerige kernpuntchecklist gemaakt. Zo kun je je denken in goede banen leiden, in de richting van een moeiteloze, elegante oplossing. Ik heb de lijst zo opgesteld dat je hem in alle mogelijke situaties kunt gebruiken. Waarschijnlijk past iets van de lijst wel bij wat je van plan bent. Anders is hij op dit moment niet op jou van toepassing. Zoek iets uit de lijst wat voor jouw taak geschikt is.

Succes betekent de essentie precies goed verwezenlijken.

Bepaal welk resultaat je wilt bereiken

⭐ Als je een treinreis gaat maken, heb je in elk geval een vaag idee welke richting je wilt uitgaan. Vaak weet je zelfs naar welk specifiek station je moet gaan. Om de juiste draai te vinden, is het goed dat je in elk geval een vaag beeld hebt van wat de gewenste uitkomst is.

Focus op de kern

⭐ Concentreer je gedachten op waarover het in essentie gaat. Richt ze op de roos van de schietschijf. Zoek de beslissende actie, datgene wat de zaak vooruit kan helpen. Wat is het cruciale punt dat leidt tot succes?

Visualiseer je ideeën
⭐ Goede ideeën verdwijnen in ons hoofd vaak als sneeuw voor de zon. Noteer of teken daarom je invallen, bijvoorbeeld een overzicht van kernpunten, of schrijf ze op in de vorm van een mindmap.

Zoek naar afkortingen
⭐ Wat is het simpelste dat je kunt doen om je doel makkelijker te bereiken? Zoek naar de factor die de rest vergemakkelijkt. Is er iets waardoor je je tijdrovend, moeizaam, zwaar werk kunt besparen?

Zoek steun
⭐ Bedenk wie jou bij een grotere klus steun zou kunnen bieden en welke dingen je aan anderen zou kunnen delegeren.

Weet wat er nodig is
⭐ Zoek uit wat jij of de mensen die voor je werken echt nodig hebben en handig vinden. Behoed je voor 'ik weet het allemaal al'-arrogantie. Stel je met opzet naïef en nieuwsgierig op. Stel vragen en luister goed. Wat hebben je mensen nodig? En waar heb jij nog behoefte aan?

Wees geïnteresseerd in feedback
⭐ Doe steeds opnieuw een kwaliteitstest. Onderzoek hoe je prestaties of ideeën overkomen. Zoek goede critici. Vraag mensen (leidinggevenden, klanten, deelnemers, luisteraars, cliënten enz.) om feedback nadat je een klus hebt geklaard.

Verdiep je in de essentie en laat het overtollige vallen
⭐ Schuif zonder wroeging alles opzij wat niet nodig is. Verdiep wat bruikbaar en nuttig is. Je beste raadgevers zijn de mensen die aan het einde je werk in ontvangst zullen nemen.

Maak gebruik van elk hulpmiddel
⭐ Kijk uit naar technieken, machines of services die je een professionele en soepele ondersteuning bieden. Mocht je niets passends vinden, probeer dan zelf iets te bedenken.

Het weinige dat de kern raakt, is volmaakt.

'STRESS is voor niemand een LEVENSELIXER. Maak van RUST JE ELIXER en je presteert BETER dan ooit.'

Paul Wilson

CALM @ WORK

De meeste mensen hebben er meer van dan ze lief is: stress. De mix van druk, inspanning en hectiek die ertoe leidt dat we te veel koffie drinken, 's nachts niet kunnen slapen en vaker ziek worden.
Maar kalmer leven en werken kan prima lukken. Blijvende stress is te voorkomen. Met de tips en de methoden in dit boek kun je je dagelijkse leven behoorlijk tot rust brengen en kun je ontspannen. En stress compleet afschaffen? Kunnen we dat? Nooit meer hectisch bezig zijn of onder druk staan? Dat is helaas onrealistisch.

OMGAAN MET STRESSPIEKEN

Zelfs in het rustigste dagelijks leven zijn er verrassingen. Vlak voor sluitingstijd moet je nog even een offerte printen voor een lastige klant, maar de printer geeft een foutmelding. Je vliegtuig heeft juist vertraging wanneer je je aansluiting absoluut niet mag missen. Op de morgen waarop je met vakantie gaat, heeft de jongste jeukende uitslag over zijn hele lichaam. Met die stress kunnen we leven. Het is een periode van spanning waarin je je bijzondere krachten activeert. Gewoon 'even fiksen', ondanks de tegenslag, dat is ook een avontuur. Afzonderlijke stressaanvallen kan een mens goed aan als hij daarbij innerlijk rustig blijft en het hoofd koel houdt. Hierna vind je enkele tips hoe dat nog makkelijker kan lukken.

ERIN DUIKEN OF UITSTELLEN?

Ook al werk je nog zo slim... af en toe zijn ze er wel: bergen werk. Dat kan bijvoorbeeld een verhuizing zijn, een fusie van het bedrijf of de renovatie van je huis. Het eerste herkenningspunt is die hand die richting het voorhoofd beweegt bij het uitspreken van de zin: 'Lieve hemel, ik moet er niet aan denken wat ik allemaal nog moet doen!' Grote bergen werk doemen als eerste op in het hoofd. Daarna ontstaan steeds meer briefjes en lijstjes. Dan zie je twee verschillende reacties.

→ Er zijn mensen die zich chaotisch en halsoverkop op het werk storten volgens het motto 'Nu geen tijd verdoen, want anders krijg ik het nooit afgewerkt.' Die gewaagde sprong is echter niet ongevaarlijk. Wie zo abrupt ergens induikt, kan makkelijk de focus op de essentie verliezen en zijn krachten verspillen met bijzaken.

→ De tweede reactie is bijna het tegendeel. Met al dat werk voor ogen voelen mensen zich krachteloos en gaan ze met tegenzin aan de slag. En wat doe je als je ergens eigenlijk geen zin in hebt? Ja, je doet iets anders. Eerst maar eens je bureau opruimen of ontbijten. Daarna de post lezen en dan is de krant aan de beurt. Uitstelgedrag. Het ziet er wel heel ontspannen uit, maar met elke uitgestelde taak stijgt de innerlijke druk. Tot die zo groot is dat je je toch halsoverkop op het werk stort.

ONTLEED DE BERG WERK

Is er een rustiger manier om grote bergen werk te lijf te gaan? Uiteraard! Het is het eenvoudigst om wat afstand tot het werk te nemen. Dat lukt het best met papier en potlood. In plaats van veel kleine briefjes te maken pak je een vel papier en je schrijft daar alles op wat er moet gebeuren. *Zet helemaal bovenaan het kernpunt of het doel.* Daar kun je alle noodzakelijke stappen onder zetten, in de juiste volgorde. Bijzaken en kleinigheden noteer je langs de rand. Mocht tijd een belangrijke rol spelen, schrijf dan naast elke stap wanneer je die klaar wilt hebben. Zo ontleed je het werk in haalbare, kleine onderdelen. Je begint met het deeltje dat als eerste aan de beurt is. Dat is ook een goed recept tegen uitstellen: je houdt je alleen bezig met wat volgens je overzicht nu gedaan moet worden. Daarmee verdwijnt het gevoel dat je voor een enorme berg staat. Bovendien kan het je gedachten kalmeren. Je hoeft niet steeds meer aan alles te denken. Het staat nu overzichtelijk op papier.

In feite gaat het erom dat je het grote verdeelt in kleine stapjes die je stuk voor stuk afwerkt. Daarvoor heb je het uithoudingsvermogen van een marathonloper nodig. Het heeft geen zin om als loper aan het begin van de marathon een sprintje te trekken. Het is belangrijker dat de marathonloper zijn krachten zo verdeelt dat hij uiteindelijk zijn doel bereikt.

RUSTIG BLIJVEN WANNEER STRESS OM DE HOEK KOMT KIJKEN

1
Haal diep adem
Als de spanning toeneemt, verandert je ademhaling. Je haalt dan oppervlakkiger adem en krijgt minder lucht binnen. Juist op dat moment hebben je hersenen echter veel zuurstof nodig om goed te kunnen nadenken. Dus haal adem. Adem diep in en uit. En nog eens.

2
Accepteer
Bouw geen weerstand op tegen wat je wilt doen. Weet je nog wel dat als je iets doet waar je innerlijk niet achter staat het een inspanning wordt? Je innerlijke 'nee' vormt een kink in de kabel. Dus schakel om naar 'ja'. Ook als er iets misgaat, zul je dat makkelijker aankunnen als je de feiten accepteert. Verzet je je innerlijk, dan geeft dat onnodige turbulentie. Eerst accepteren dus, en daarna veranderen.

3
Houd het overzicht in plaats van koortsachtig te werken
Als je te veel te doen hebt, behoed je dan voor blinde actie. Voordat je aan de slag gaat, moet het duidelijk zijn hoe het resultaat eruit moet zien. Stel vast waar het om gaat, zodat je je energie op de juiste manier kunt verdelen. Wat is echt belangrijk, wat is bijzaak? Deze korte periode van plannen kan veel onnodige inspanning voorkomen.

4
Stap voor stap

Verdeel een grote klus in overzichtelijke taken. Ga niet in één keer met de hele berg aan de slag, maar alleen met wat op dit moment concreet nodig is. Haal uit de berg werk telkens de *volgende kleine stap*. Pas wanneer je een stap hebt afgewerkt, concentreer je je op de volgende. De slechtst denkbare oplossing: bij grote taken gewoon blijven doorgaan, alles geven tot je erbij neervalt. *Voordat* je uitgeput raakt, neem je even pauze.

5
Verander wat veranderd kan worden

Mocht je onder druk staan, dan is het tijd om flexibel te zijn. Doe een stapje achteruit, creëer wat afstand en denk rustig na: wat kun je doen om de klus te klaren? Wie zou je kunnen helpen? Is wat je wilt ook op *een andere manier* te bereiken?

6
Van minder belang

Het grote geheim van gemoedsrust schuilt in de volgende zin. *Wat hier gebeurt, kan mij niet aan het wankelen brengen, omdat het niet zo belangrijk is.* Je leven staat niet op het spel. Het is alleen onaangenaam. Misschien wel heel erg onaangenaam. Hoe overleef je iets dat onaangenaam is? Aanvaard het gewoon. Verzet je er niet tegen. Onaangename gevoelens zijn geen ramp.

ZO VERGROOT JE JE PERSOONLIJKE KRACHT

We horen vaak over mensen voor wie het werk of de baan verandert of zelfs op de tocht staat. Steeds meer worden vaste jobs opgeheven, banen weggesaneerd en afdelingen gesloten. Deze veranderingen leiden tot angst bij veel werknemers. Vaak heeft die angst tot gevolg dat de druk groeit en veel mensen denken dat ze hun job veilig kunnen stellen door meer te presteren. Ik wil je hier laten zien hoe je kunt omgaan met de angst en de druk. Daarbij gaat het er niet om dat je je nooit meer angstig zult voelen. Dat verwachten zou onrealistisch zijn. Het is belangrijker dat je uit de afhankelijkheid en de krachteloosheid komt en je persoonlijke kracht opbouwt. Voordat ik je laat zien hoe je dat kunt doen, nemen we eerst enkele feiten nuchter onder de loep.

DE STATUS QUO

In een voortdurend veranderende maatschappij is geen baan te vinden waarin je blijvend zekerheid zult hebben. Eerst je beroepsopleiding, dan bij een bedrijf aan het werk, daar carrière maken en tot je pensioen blijven werken – het bestaat niet meer. Arbeidsplaatsen duren geen leven lang meer. En het wordt ook steeds lastiger om je op de arbeidsmarkt te oriënteren. Ook daar zijn veranderingen het enige dat zeker is. Veel jobs waarvoor men nu handenwringend op zoek is naar personeel, bestonden vroeger nog niet. En in veel beroepen die in mijn jeugd werden beschouwd als absoluut crisisbestendig, worden nu massaal mensen ontslagen.

Zekerheid vind je niet meer in een bedrijf maar alleen in jezelf.

Je persoonlijke kracht is het enige waarop je kunt vertrouwen. En die kracht is niet iets dat je bezit of niet bezit, maar iets dat door jezelf *tot stand wordt gebracht*. Hoe dat gaat, zal ik je hier in het kort laten zien.

WAT JE STERK MAAKT

In de huidige maatschappij zijn er samengevat vier hoekstenen die je sterk maken.

1. Je persoonlijk kapitaal
2. Je talent om jezelf overtuigend te presenteren
3. Je collegiaal netwerk opbouwen en onderhouden
4. Je vormgevend vermogen

Deze vier hoekstenen vragen allemaal om een nieuwe manier van denken, een nieuwe kijk op arbeidskracht. Je bent niet meer zomaar een loontrekker, maar een ondernemer in je eigen zaakje, een soort eenmans- of eenvrouwsonderneming. Het gaat erom dat je je eigen arbeidskracht ziet als een productiefactor die je zelf moet vormgeven en vermarkten. Deze manier van kijken berust niet op een of ander psychologisch concept, maar is het resultaat van de huidige economische ontwikkeling. In dit nieuw ontwikkelde informatietijdperk is kennis uitgegroeid tot een beslissende productiefactor. En kennis ontstaat door mensen, want machines kunnen in het beste geval alleen informatie verwerken, en geen kennis produceren. Daarom wordt ook gesproken over 'menselijk kapitaal'.

Hoe zit het met je persoonlijke kapitaal? Misschien vergaat het je als de meeste mensen: je hebt waardevolle talenten en ervaringen in huis, maar je bent je nauwelijks van dit kapitaal bewust. Breng daar verandering in. Nu heb je de gelegenheid de inventaris op te maken en je gaven heel goed te bekijken.

JE PERSOONLIJK KAPITAAL

In de huidige arbeidsmarkt sta je economisch sterker naarmate je meer bruikbare kennis in huis hebt. Daarbij kan het heel goed zijn dat je je niet bewust bent van je persoonlijk kapitaal. Het is dan ook zinvol om je 'vermogen' in beeld te brengen, bij voorkeur schriftelijk.

JE KNOWHOW

Schrijf alle gevolgde opleidingen en cursussen op.

Welke kennis heb je verworven in eerdere jobs?

Noteer al je talenten en gaven.

Voor welke specifieke taken ben je nu verantwoordelijk?

Noteer alle terreinen waarop je hebt gewerkt.

_____

_____

_____

_____

Schrijf al je communicatieve competenties op, je zogenoemde 'soft skills'.

_____

_____

Beschrijf je leervaardigheden.

_____

_____

_____

_____

Noteer alles wat je graag doet en wat je leuk vindt.

_____

_____

_____

_____

Maak jezelf bewust van waar je enthousiast van wordt. Schrijf alles op waar je je prettig bij voelt.

_____

_____

_____

_____

JE ANDERE DRIE HOEKSTENEN

Presenteer jezelf overtuigend

⭐ Je hebt je kapitaal zwart op wit op de vorige bladzijden. Het is echter niet voldoende om dat kapitaal alleen maar te hebben. Je hebt daarbij het talent nodig om jezelf te presenteren – en dat geldt ook binnen het bedrijf of de branche waarin je nu werkt. Hier speelt retoriek een belangrijke rol. Ben je in staat om je kapitaal aannemelijk, volledig en treffend te schetsen? Mondeling en schriftelijk? Als je voor je kapitaal niet de overtuigende woorden kunt vinden, zullen anderen je fortuin ook nooit naar waarde kunnen schatten. Vooral mensen met een vaste baan vinden het een vreemd idee dat ze nog reclame moeten maken voor hun eigen zaak. Vroeger waren een keurig geschreven curriculum en een goed sollicitatiegesprek voldoende en dat was dan je zelfportret. Vandaag de dag is de marketing van jezelf echter een continue taak voor iedereen met kapitaal.

Ik durf te wedden dat je in het bedrijf waar je nu werkt al een imago hebt. Je bent daar voor alle anderen al een 'merk'. De vraag is alleen of je je imago bewust vormgegeven hebt en of het voor jou echt optimaal is. Wacht niet langer tot een collega of 'die daar boven' je eindelijk naar waarde schatten. Creëer je eigen profiel.

Bouw een netwerk op en onderhoud het

⭐ Bouw een collegiaal netwerk op, onderhoud contacten met mensen in andere bedrijven en met zelfstandigen die werken in jouw branche. Daarmee verdwijnt de fixatie op je huidige arbeidsplaats en krijg je een beter inzicht in de manier waarop ergens anders wordt gewerkt. Als je je horizon verruimt, kom je uit de bekrompenheid van je eigen ervaringen. Je krijgt nieuwe ideeën en impulsen, waar je uit jezelf nooit op gekomen zou zijn. Bovendien is het heel waarschijnlijk dat je je volgende baan vindt door contacten uit je netwerk.

Je vormgevend vermogen

⭐ Je arbeidsplaats is niet alleen de plek waar je geld verdient, maar ook de plek waar je je kapitaal vergroot. Misschien is er een functiebeschrijving voor je huidige job waarin staat wat je taken zijn. Voor jou is het echter belangrijk dat je ook een *voortgangsbeschrijving* voor jezelf maakt. Je zegt hierin duidelijk tegen je leidinggevende of iemand van personeelszaken in welke richting je je verder wilt ontwikkelen. Je legt voor

*Wacht niet tot anderen jou ontdekken.
Ontdek jezelf.
Geef je imago actief en bewust vorm.*

jezelf vast welke onderwerpen, werkterreinen of projecten je interessant en lonend vindt. Dat betekent dat je steeds weer nieuwe onderhandelingen voert en steeds weer opnieuw je ideeën op tafel legt. Je onderhandelingskracht zal groter worden naarmate het kapitaal dat je te bieden hebt aantrekkelijker is voor een werkgever.

Deze vier punten versterken je onafhankelijkheid. Het is jouw taak om je ermee bezig te houden. Geen leidinggevende zal een overzicht op je bureau leggen. Jij en jij alleen bent verantwoordelijk voor hoe jij je ontwikkelt. Eigen verantwoordelijkheid is waar het op aankomt. Wat tussen je oren zit, is van doorslaggevend belang. Voor deprimerende gedachten is er geen plaats. Als je al bezig bent met vormgeven, zorg er dan voor dat er geen sprake is van zelfsabotage in je hoofd zoals: 'Met vijftig behoor ik al tot de ouwe knarren' of 'Ik ben te jong en te onervaren' of 'Als alleenstaande moeder zal ik zover niet kunnen komen' of 'Ik heb niet de juiste vooropleiding, dus ik kan die positie nooit bereiken'.

*Alles wat je kleineert,
heeft niets te zoeken
in je gedachten.*

Ga actief aan de slag met je zelfvertrouwen. Dat is namelijk het fundament waarop je kapitaal rust. Je bent geen blaadje in de wind dat door de stormen van de economie weggeblazen kan worden. Je bent de wind die zelf zijn eigen richting bepaalt.

Niemand verlangt van je dat je bergen zult verzetten. Je hoeft niet het onmogelijke te doen. Je kunt in kleine stapjes afgaan op wat je wilt en wat voor jou past in je perspectief. Jij hebt het kompas in de hand en jij kiest de koers die je wilt gaan.

GERICHT EEN GOED HUMEUR

Praktische tips

Als je een goed humeur hebt, gaan de dingen allemaal heel makkelijk. Je kunt veel aan en voelt je daarbij beter, minder uitgeput. Een goed humeur zorgt voor meer daadkracht. Het geeft je de energie die je nodig hebt om onbekommerd los te laten en tot het einde toe vol te houden. Iedereen ziet de voordelen die een goed humeur met zich meebrengt, maar hoe word je goedgehumeurd?

Om het maar meteen duidelijk te stellen: een goed humeur kun je niet afdwingen. Je kunt echter wel – zonder dwang of druk – heel voorzichtig de koers bepalen. Daarbij gaat het vooral om je aandacht.

Waar je je aandacht op richt, wordt voor jou echter, groter en tastbaarder.

STUUR JE AANDACHT

Geef je bijvoorbeeld je norse gedachten veel aandacht, dan versterk je die gedachten. Je humeur verslechtert verder en verder. Als je vaak en lang nadenkt over missers en pech in je dagelijks leven en er ook nog met andere mensen over praat, dan vraagt die negativiteit veel aandacht.

Om te zorgen dat je je blij voelt, kun je je aandacht richten op wat in het dagelijks leven wel goed gaat. Met behulp van die gericht gestuurde aandacht bouw je heel simpel een paar tankstations voor een goed humeur. Hierna volgen een paar ideeën die je met weinig moeite kunt toepassen.

Laat je slechte humeur los nu het nog 'klein' is

 Ook het slechtste humeur is een keer begonnen. En precies op dat moment kun je er meteen een eind aan maken. Stop je chagrijn zodra het begint. Je merkt dat je innerlijk op iets of iemand loopt te tieren? Laat die gedachten los. Richt je aandacht er weg van. Op het moment dat je jezelf erop betrapt dat je een slecht humeur laat opkomen, roep je het een halt toe.

Positieve beelden

⭐ Als de mens schoonheid ziet die hem raakt, krijgt hij toegang tot een hogere dimensie van het leven. Omring je met dingen die plezier en schoonheid oproepen. Zorg overal voor positieve beelden: thuis, op kantoor, op je smartphone, op je computer, in je tas. En kijk daarnaar als je je ellendig voelt.

Met een dankbare blik

⭐ Let bewust op wat in je leven als vanzelf goed gaat. Komt er water uit de kraan, stroom uit het stopcontact? Heb je voldoende te eten, kleding om aan te trekken, een dak boven je hoofd? Kun je lopen en praten? Dat behoort tot de vanzelfsprekendheden die ervoor zorgen dat je op dit moment prettig kunt leven. En dat zijn evenveel goede redenen om blij te zijn en dankbaarheid te voelen. Dankbaarheid is een geweldig tankstation voor goed humeur!
Let eens op wat allemaal als vanzelf lukt. Begin bij het rechtop lopen en een vaardigheid als schoenen aantrekken tot en met alle dingen die je zo normaal vindt dat je ze niet meer opmerkt. Ja, er zijn wel duizend vanzelfsprekendheden die je probleemloos voor elkaar krijgt. Dit alles hoort ook thuis op de balans van het dagelijks leven. En als je nu eens die paar dingen die niet goed gaan niet zo zou uitvergroten, maar eens let op die duizenden dingen die wel goed gaan?

Een kusje voor de mopperpot

⭐ Het is toch gebeurd: je hebt een slechte dag en je hebt een rothumeur. Is er nog een manier om uit het dal te komen? Ja, je kunt het roer nog omgooien door je slechte humeur gewoon te accepteren. Zeg innerlijk 'ja' tegen je slechte humeur en stel je open voor deze ervaring. Omarm je innerlijke mopperpot en geef hem een dikke kus. Je hartelijk 'ja' verdrijft je slechte bui.

'En dan moet je ook nog TIJD HEBBEN om gewoon TE ZITTEN en voor je UIT TE STAREN.'

Astrid Lindgren

Derde hoofdstuk

Lui maar toch fit: hoe je door nietsdoen je prestatievermogen onderhoudt

In dit hoofdstuk leer je

waarom het belangrijk is dat je af en toe
eens alles uitschakelt en je terugtrekt,

hoe het je lukt om ongestoord te werken,

waarom je door innerlijke rust
je prestatievermogen kunt opvoeren,

hoe je tijd vrijmaakt om met
de duimen te draaien en

hoe genieten
je echt rijk kan maken.

UITSCHAKELEN!

Telefoon uit, radio uit, televisie uit, geen e-mail lezen, computer uit, weg met printers en scanners, de post wordt later wel gelezen. Alles weg, alles uit! Hoe meer je aan kabels en netwerken vasthangt, hoe belangrijker het is om dat alles uit te schakelen. Niet voortdurend bereikbaar zijn is een kunst en een echte luxe. En daaruit blijkt je persoonlijke macht.

Heb je de macht over de apparaten of beheersen de apparaten jou? Reageer je op elk geluid van je telefoon als een hond op het fluiten van zijn baasje? Moet je alle e-mails onmiddellijk lezen?

↠ Wat ooit begon als een gemak, is voor veel mensen een plaag geworden. Telefoon, mailbox, antwoordapparaat, internet, sociale netwerken, televisie, radio… het zijn deuren waardoor de wereld je op elk moment kan bereiken. Sommige mensen krijgen die deuren niet meer dicht. Ze zijn voortdurend bezig met wat de wereld van hen wil, met de bezigheden van andere mensen. Wie voortdurend bereikbaar is, laat heel veel agenda's van anderen toe in zijn leven.

En loopt daarmee het gevaar dat hij nauwelijks nog aan zijn eigen behoeften toekomt.

Door smartphones en de mogelijkheid overal e-mail te ontvangen, is er voor veel mensen geen afstand meer tot het werk. Overal bereikbaar zijn heeft zijn voordelen, vooral als het om dringende zaken gaat. Iedereen weet echter dat het mobiele telefoons koud laat waar ze voor gebruikt worden. Bij achteloos gebruik storen ze, leiden ze af en kosten ze je de nodige stress.

↠ Vroeger waren een mobiele telefoon en een snelle internetverbinding echte prestigeobjecten die je vol trots liet zien. Dat is voorbij. Vrijwel elk schoolkind speelt op weg naar huis met zijn smartphone en steeds online zijn is in veel bedrijven een verplichting geworden. Een jonge bedrijfsadviseur vertelt: 'Ik werk bij een gerenommeerde bedrijfsdienst en de centrale vindt het vanzelfsprekend dat ik op elk moment bereikbaar ben. Op weg naar een klant, bij de klant en op de terugweg ben ik via internet verbonden met de zaak. Op

Uitschakelen en deur dicht:
je hebt ongestoorde momenten nodig om je bezig te houden
met wat voor jou echt belangrijk is.

zakenreis worden vanuit mijn hotelkamer 's avonds data heen-en-weer gestuurd. In het bedrijf is de gewone adviseur een online knecht die aan de andere kant van een lange lijn zit. Alleen wie in de stoel van een leidinggevende zit, kan het zich permitteren om met niets meer dan een zilveren pen op reis te vertrekken. Niet bereikbaar zijn is een privilege dat je eerst moet verdienen.'

DE STRIJD OM JE AANDACHT

De nieuwe luxe is dat je niet voortdurend online *hoeft* te zijn, maar dat je je kunt permitteren alles uit te zetten en te 'verdwijnen'. Dit 'uitschakelen' heb je nodig om je eigen ik de nodige ruimte te geven, om aan iets belangrijks te werken, om een kernpunt te ontdekken of om een goed gesprek te voeren. En dat kan alleen als er storingsvrije momenten zijn. Momenten waarin de rest van de wereld je niet kan bereiken. Uiteindelijk vechten ze allemaal om je aandacht. Overal moet je iets kopen, bekijken, aanpakken, meemaken. Alle media proberen je aan het werk te zetten. Je aandacht is een voorwaarde voor anderen om geld te kunnen verdienen. En omdat ze allemaal vechten om je aandacht, wordt het geroep ook steeds scheller en opdringeriger. Je wordt bedolven onder de ongeziene beelden en dramatische beloften.
Bij die stroom van informatie is één competentie enorm belangrijk, namelijk…

… de vaardigheid
om je eigen aandacht
gericht te leiden naar
iets waar je nut van hebt.

Verlies je niet in de sensaties van de media, maar zet je eigen interesses op de eerste plaats. Het motto 'ik eerst' geldt ook hier. De gemakkelijkste manier om om te gaan met de wilde wereld van informatie is om die gericht te verbannen.
Doe bewust de deur dicht.

ONGESTOORDE MOMENTEN

Ik had nooit een boek kunnen schrijven als ik voortdurend bereikbaar was geweest. Wanneer ik schrijf, zonder ik me af. Overdag ben ik minstens vier uur niet aanspreekbaar. In die tijd laat het me koud wat anderen van me willen. Dan telt alleen wat ik wil. De wijde wereld van informatie moet wachten tot ik weer tijd heb. In de kamer waarin ik mijn boeken schrijf of lezingen voorbereid, is geen telefoon, geen internet. Als ik de deur dichtdoe, heerst er stilte. Wie me kent en met me samenwerkt, is erop ingesteld. Ik beantwoord alle verzoeken tot informatie en ik zeg iedereen op de wereld gedag – maar op mijn tijd. Daarmee frustreer ik alleen onrustige types bij wie alles altijd 'dringend' is. Alle anderen respecteren mijn manier van werken.

In het begin kostte het me wat moeite om me af te schermen. Het kan alleen als je zelfverzekerd bent. Zeker genoeg om erop te vertrouwen dat je echt niets mist. Dat je geen belangrijke klant kwijtraakt en je geen opdrachten misloopt. Dat er geen rampen gebeuren als je de telefoon niet aanneemt. Je afzonderen is niets voor angsthazen. Aan de andere kant groeit je zelfverzekerdheid als je ziet dat er meer kwaliteit ontstaat doordat je je terugtrekt. Je kunt geconcentreerder werken, meer genieten van ongestoorde vrijheid. In plaats van alles in één keer af te handelen, vinden alle dingen hun moment.

Als je in je werk en privé heel gespannen bent, kan het zijn dat je het lastig vindt je onbereikbaar te maken. Waarschijnlijk denk je dat je daardoor contacten verliest of anderen teleurstelt. Dat kan, maar storingsvrije tijd is ook winst. Het dagelijks leven wordt productiever en gemakkelijker. Je bent meer bij de zaak en minder verstrooid.

DRIE GOEDE REDENEN OM OP DE 'UIT'-KNOP TE DRUKKEN

Doelen op de lange termijn nastreven

⭐ Goede ideeën en pakkende projecten zijn als een intense liefde. Ze dulden geen rivalen. Alle grote werken zijn ontstaan door onverdeelde aandacht. Elke onderbreking betekent dat je in iets anders verwikkeld kunt raken, iets dat je afleidt van de essentie. Zorg voor een periode zonder afleiding, waarin je je ongestoord kunt wijden aan je grote liefde.

Rond werkzaamheden af

⭐ Wie voortdurend onderbroken kan worden, komt op een zeker moment om in de begonnen klussen en onafgemaakte taken. Al die half afgewerkte zaken tollen door je hoofd. Een lange takenlijst zet zich vast in je hersenen en zorgt voor blijvende spanning. Hier ontbreekt een ondubbelzinnige afbakening. Deur dicht en een bordje met 'Niet storen' kunnen wonderen doen.

Minder gewauwel

⭐ Altijd aanspreekbaar zijn werkt geklets in de hand. Als je altijd bereikbaar bent, spoort dat anderen aan om daar gebruik van te maken. Met jou kun je lekker kletsen als iemand daar zin in heeft. En zo komt de gedachtestroom van anderen op jouw bordje terecht. Dan helpt er maar één ding: korte gesprekken, zodat mensen het bij hun ene punt moeten houden.

Jij bepaalt wie op welk moment je aandacht krijgt. Dat geldt voor het werk net zozeer als voor het privéleven. Je kunt je collega's en meerderen eraan laten wennen dat je op bepaalde momenten ongestoord wilt werken. Hoe je dat thuis doet, hangt er natuurlijk van af of je kinderen hebt en hoe jong die nog zijn. Voor veel vrouwen is het altijd nog wat lastiger om een time-out te nemen. Een moeder vertelt hierover: 'Ik ben dol op mijn kinderen, maar ik heb ook tijd voor mezelf nodig. Anders word ik langzaam maar zeker gek. Dus hebben mijn man en ik een regeling gevonden, waardoor ik me eenmaal per dag kan terugtrekken. Het heeft een paar maanden geduurd voordat de kinderen eraan gewend waren dat mama weliswaar in huis is, maar niet gestoord wil worden.'

DE KUNST OM ONBEREIKBAAR TE ZIJN

1

Geef jezelf toestemming

Je op bepaalde momenten afzonderen is niet harteloos of egoïstisch, maar professioneel. Je zorgt er daarmee voor dat je talenten en je prestaties op een hoog niveau blijven. Dat geldt in het bijzonder voor moeders.

2

Leg de momenten vast waarop je je terugtrekt

Bepaal zelf wanneer je je afzondert. En wacht daarmee niet tot het 'goed uitkomt' of 'kan'. Dan kun je pech hebben en moet je misschien wachten tot je met pensioen gaat. Wie veel te doen heeft, heeft dagelijks een moment nodig om zich terug te trekken. Laat de mensen om je heen daaraan wennen.

3

Een plekje om te ontspannen

Verlaat de drukte en zoek een plek om te relaxen. Of het nu gaat om je garage, een bushalte of je badkamer – het belangrijkste is dat je er tot rust kunt komen. Soms is een wandeling of een kort fietstochtje een goede mogelijkheid om te ontspannen.

4
Laat je mobiele telefoon vaker thuis

Als je eens een keer onbereikbaar bent, stort de wereld niet in. Neem je telefoon alleen mee als het echt zinvol is. Anders hoort hij ergens in een lade thuis. Mijn favoriete dialoog als het om mobiele telefoons gaat: 'Ik probeer al drie dagen steeds om je te bereiken op je mobiel. Je neemt nooit op.' 'O, sorry, ik was onderweg.'

5
Maak je los van de informatiestroom

Een nieuwe manier van mentale fitheid is 'informatiehygiëne'. Informeer je gericht in plaats van je voortdurend te laten bestoken met berichten. Scheid het kaf van het koren en ontdoe je van overtollige pietluttigheden aan informatie. Zet internet, televisie en radio bewust aan en uit.

6
Schep afstand

Brievenbussen en antwoordapparaten zijn goede buffers om afstand mee te scheppen. Zij bepalen wanneer je je met de boodschappen van andere mensen bezig wilt houden. Ook hier helpt het als je het werk bundelt. Leg een moment vast om de berichten te beluisteren en om brieven en mails te beantwoorden.

OPGELET: BURN-OUTGEVAAR!

Johan had een writer's block. Als redacteur van een klein dagblad schreef hij berichten en artikelen over wat er in de directe omgeving gebeurde. 'Kletspraatjes, achterklap en kleine schandalen', zei Johan. 'Daar leef ik van.' Hij was al bijna tien jaar journalist en belichaamde enigszins het stereotype beeld van een reporter: veel koffie, stoppelbaard, opwaaiende trenchcoat, altijd op jacht naar nieuws. En hij was overwerkt.

'Ik ben begonnen met de lokale verslaggeving, maar ondertussen doe ik ook televisie en sport.' Johan behoort tot de oudste redactieleden. En als een rekbaar elastiek lost hij elk probleem onder het personeel op. 'De krant moet buiten. Elke dag', zegt hij. Dat lukt ook, maar sinds enige tijd heeft hij een writer's block. 'Ik zit voor het beeldscherm en kom niet verder. Mijn hoofd is leeg en er schiet me geen enkele zin te binnen.' Natuurlijk weet Johan wel hoe dat komt. Niemand hoeft hem te vertellen dat hij te veel werkt. Hij ziet dat zelf ook. Toch is het lastig voor hem om tot rust te komen. In de loop van de jaren heeft hij zich helemaal met zijn job geïdentificeerd. Hij is ermee versmolten. Daarom kan Johan na het werk ook nooit echt stoppen. Als hij 's avonds in de kroeg toevallig hoort dat de trainer van de plaatselijke sportvereniging vervangen is, bedenkt hij meteen al een kop. Hij is voortdurend Johan de journalist, en dat heeft zijn prijs. Zijn privéleven was al dood, en nu is ook zijn prestatievermogen verdwenen.

LET OP! WAARSCHUWING!

Hierna volgen de voornaamste alarmsignalen die aangeven dat je te veel werkt.

Verslavingen worden erger

⭐ Je grijpt vaker dan gewoonlijk naar een sigaret. Je drinkt vaker een of twee glazen van je favoriete alcoholische drankje om te ontspannen. Je eet meer zoetigheden dan anders, drinkt meer koffie om helder te blijven.

Als je over een te lange periode niet echt tot rust kunt komen, zullen lichaam en psyche storingsmeldingen geven, waarschuwingssignalen die aangeven: 'Let op, hier klopt iets niet'. Vaak zijn het kleine vergissingen, een licht gevoel van ongemakkelijkheid, toenemende prikkelbaarheid. Op zich geen reden tot bezorgdheid en daarom worden deze kleine kwesties ook vaak over het hoofd gezien. Iedereen heeft nu eenmaal weleens een slechte dag, iedereen is weleens met het verkeerde been uit bed gestapt of iedereen geeft het sombere weer weleens de schuld voor zijn slechte humeur. Die kleine dingetjes zijn echter waardevolle aanwijzingen die aangeven dat je de balans kwijtraakt en in een ziekmakende spiraal afglijdt.

Slaapproblemen

⭐ In slaap vallen wordt steeds lastiger. Als je naar bed gaat, lig je nog uren wakker en er dwalen allerlei gedachten door je hoofd. Als je midden in de nacht wakker wordt, malen de gedachten verder en het lukt je maar moeilijk om weer in slaap te vallen. 's Morgens word je geradbraakt in plaats van uitgerust wakker.

Je bent minder begripvol

⭐ Je merkt dat je je sneller opwindt over de eigenaardigheden van anderen. In ontspannen tijden kun je je makkelijk over dergelijke gebreken heen zetten. Als de nodige energie ontbreekt, reageer je sneller geprikkeld, vooral als er iets niet lukt of anderen te langzaam zijn.

Gebrekkige concentratie

⭐ Je merkt dat je vaker verstrooid bent. Midden in een gesprek stel je vast dat je niet geluisterd hebt omdat je met je gedachten ergens anders was. Je zoekt je huissleutel, je weet niet meer waar je je creditcard gelaten hebt. Terwijl je nadenkt, ben je met de auto de verkeerde straat ingereden. Foutjes als gevolg van gebrekkige concentratie komen steeds vaker voor.

Je kunt niet meer genieten

⭐ Je bent gefixeerd op wat nog moet gebeuren. De kleine genoegens aan de rand van je pad laat je links liggen. Alles draait alleen nog maar om het bereiken van je doel. Het kijken, voelen, genieten verdwijnt heel langzaam uit het dagelijks leven. En als je een keertje wat tijd over hebt, dan tref je alvast voorbereidingen om de volgende dag je werkdoelstellingen weer te kunnen halen.

WEES GEEN RADERTJE IN HET GROTE GEHEEL

Te veel werk en te weinig ontspanning leiden niet tot succes maar tot verval.

Het medicijn daartegen is heel simpel en ongecompliceerd: identificeer je niet langer met je werk. Zeg niet meteen je baan op, maar word weer je eigen persoon. Iemand die een job *heeft*, maar niet die job *is*. Voor Johan betekende dat dat hij elke dag weer zich los moest maken van het journalistenbestaan zodat hij na het werk ook echt vrij was. Wat Johan miste, was het nietsdoen. Zijn dag bestond uit doen. Hij presteerde maar en er was niet genoeg tijd waarin hij dat niet hoefde te doen. Daarbij betekent nietsdoen niet per se dat je geen vinger meer uitsteekt, maar wel dat je zonder druk en zonder prestatiedwang leeft. Niets produceren en geen radertje in het grote geheel meer zijn.

Johan nam zijn writer's block serieus als waarschuwingssignaal. Hij had een tegenwicht voor het werk nodig. Nadat hij dat had ingezien ontwikkelde hij een heel eigen manier van nietsdoen. Hij ging weer drummen. Voordat hij als redacteur aan het werk ging, had hij twee jaar lang muziek gemaakt met vrienden. Later, toen het werk hem boven het hoofd was gegroeid, verwaarloosde hij die hartstocht. Nu begon hij weer en hij nam contact op met zijn oude vrienden. Met anderen muziek maken was nog altijd iets dat hij graag deed. Hier hoefde hij niet te presteren en niet te veel na te denken. Muziek was voor Johan precies het tegendeel van wat zijn werk van hem eiste. Toen het ritme weer in zijn bloed zat, verdween zijn writer's block – gewoon, opeens. En hij had weer een privéleven. Dat was ook de reden dat hij op de redactie vaker 'nee' zei. Hij was niet meer zo rekbaar als een elastiek en hij loste niet meer als vanzelfsprekend elk personeelsprobleem op. Dat leidde tot woordenwisselingen met zijn collega's en zijn chef. Die conflicten vond Johan lastig. Als journalist omgaan met een writer's block was voor hem echter nog veel lastiger geweest.

NIETSDOEN HOORT IN JE AGENDA TE STAAN

Er is nog altijd een vooroordeel als het gaat om nietsdoen en dat luidt: nietsdoen leidt tot niets.

'Nietsdoen betekent wel degelijk dat je iets heel belangrijks doet. Het maakt dat je het leven laat plaatsvinden – jouw leven. Nietsdoen is werkelijk iets essentieels.'
David Kundtz

Nietsdoen zou zogenaamd 'niets opleveren'. Dat is volkomen onjuist. Zonder lange tijden van nietsdoen zou dit boek niet geschreven zijn. Elk van mijn boeken, elk concept van mijn workshops ontstaat uit rustpauzes. Dat zijn de tijden waarin ik gewoon voor de vuist weg leef zonder iets te presteren of iets bijzonders te willen. Verspilde uren, luie dagen. Lang op de bank liggen, wandelen, in een café zitten. Tijden waarin mijn creativiteit een wellnesskuur ondergaat en mijn kennis het hazenpad kiest. Als beide uitgerust zijn, komen de goede ideeën vanzelf.

Dit nietsdoen noem ik ook 'werktijd', want het is de basis die ervoor zorgt dat me iets nieuws invalt. Uiteraard is daarvoor ruimte in mijn agenda. Die tijd is gereserveerd voor mezelf en ik ben dan niet bereikbaar. Natuurlijk zou ik meer kunnen werken en die vrije dagen invullen met afspraken. Maar dan zou ik mijn eigen graf delven. Altijd maar bezig zijn zou de dood betekenen voor mijn creativiteit.

Onze psyche en onze intelligentie, ze laten zich niet uitbuiten. De journalist die last heeft van een writer's block, weet dat. Evenals de copywriter die niets goeds meer kan bedenken.

Door te veel te doen, verkommert onze inspiratie.

GENOEG TIJD OM NIETS TE DOEN

Praktische tips

Als je met minder werk meer wilt bereiken, heb je steeds weer afstand nodig tot wat je doet. Tijd om je te bezinnen. Nietsdoen behoort daarom tot het dagelijks leven. Zet dit moment van rust bij voorkeur in je agenda met een dikke viltstift. Hierna geef ik je drie mogelijkheden voor een dagelijkse afspraak met het nietsdoen.

Duimendraaien

⭐ Schrijf eens wat vaker DD in je agenda: 'duimendraaien'. Zet de dubbele D tussen twee belangrijke afspraken. Zo krijg je de nodige afstand van een activiteit en kun je je gemakkelijker voorbereiden op de volgende. Neem voor elke dubbele D tien tot twintig minuten de tijd.

Stille vergadering

⭐ Beleg dagelijks een vergadering met jezelf. Een afspraak met het nietsdoen. Het enige agendapunt is je gedachten tot rust brengen. Ga gemakkelijk zitten en kijk naar de lucht. Laat je gedachten gewoon voorbij zweven zoals de wolken, zonder je er druk om te maken.

Zet de tijd stil

⭐ Waar je ook bent, duik in het heden. Laat alle gedachten los die draaien om het verleden of de toekomst. Dwaal niet af naar de verte. Stel vast wat er nu is. Beleef het moment. Geniet van het moment. Wees je bewust van je zintuigen. Kijk om je heen. Voel je lichaam. Luister naar de geluiden rondom je. Ruik eens: welke geur heeft het heden?

Nietsdoen is de poort die leidt tot genot. En genot is echte rijkdom. Uiteindelijk is genot de reden waarom mensen zoveel geld willen verdienen. Ze willen misschien leuke dingen kopen omdat ze hopen dat ze daarmee echt van het leven zullen kunnen genieten. Helaas blijkt dat vaak niet zo te zijn.

ALLEEN NOG MAAR GENIETEN

Oefening

Genot is de reden waarom mensen rijk willen zijn. Om met alle zintuigen te kunnen genieten van het leven. Om dit doel te bereiken nemen veel mensen een enorme hoeveelheid hooi op hun vork. Ze putten zichzelf uit om toch maar zo veel mogelijk geld te verdienen. Maar ook zonder die inspanningen kun je genieten. Ik leer je een eenvoudige oefening om dat te bereiken.

»⟶ Dompel jezelf onder in het nietsdoen en voel je rijk. Pak bijvoorbeeld een zak chips of een reep van je lievelingschocolade en eet elk hapje heel bewust op. Proef elk stukje alsof het het eerste in je leven is. Dat kan ook met wortels en bananen, maar met 'zondige' levensmiddelen die niet in een dieet thuishoren, is het gewoon veel leuker.

»⟶ Blijf alert en laat je niet afleiden. Genieten heeft een bepaalde traagheid nodig, een ontspannen rust. Je hoeft niet alles op te eten, maar je hoeft je ook niet in te houden. Er is niets te bereiken. Geniet gewoon volop van het genieten.

Hetzelfde kun je ook proberen met andere activiteiten. Het komt er niet zo op aan wat je doet, maar hoe je het doet. Aandacht is belangrijk. Het talent om met al je zintuigen aanwezig te zijn. Dit moment van genieten helemaal en volop beleven.

Mocht je me vragen hoeveel genot je jezelf op die manier mag gunnen, dan is mijn wedervraag: hoe rijk zou je graag zijn?

UITRUSTEN ZONDER SCHULDGEVOEL

Ieder mens heeft zijn hoogsteigen prestatievermogen en zijn individuele behoefte aan ontspanning. Wat collega's of vrienden wel of niet presteren, is voor jou geen maatstaf. Schrap de zin: 'Dat moet ik kunnen, want anderen kunnen het ook.' Veel belangrijker is dat je jezelf niet met anderen vergelijkt, maar dat je jezelf ziet. Zelfkennis is cruciaal als het gaat om de juiste balans tussen werk en ontspanning.

Zelfkennis betekent dat je aandacht hebt voor je lichaam, voor je stemming en voor je gedachten. Zoek uit op welk punt je werk inspannend wordt en wat je helpt om daarvan goed te herstellen.
Als je bijvoorbeeld vaak met de computer werkt, kun je jezelf deze vragen stellen: wanneer heb je lang genoeg voor het beeldscherm gezeten? Merk je dat aan de spanning in je schouder? Is je houding wel goed en je rug mooi recht? Of misschien zijn je ogen wel vermoeid door de inspanning? Wordt je concentratie minder en maak je meer fouten? Welke manier van pauzeren doet je goed? Is het voor jou beter om op te staan en te bewegen of om even te gaan liggen en je ogen dicht te doen?

> *Zoek uit wanneer iets jou te veel wordt en heb de moed niet te veel van jezelf te vergen. Respecteer je eigen prestatievermogen. Mocht je voor de beslissing staan of je liever een pauze wilt of nog even blijft doorgaan, denk dan aan deze twee woorden: 'ik eerst'.*

NIETSDOEN LAADT DE ACCU OP

Om in onze prestatiemaatschappij bewonderd te worden, kun je jezelf het best een levendig imago aanmeten. Zoiets als 'Ik barst van de energie en daadkracht'. Daarop komt het aan. Maar als iedereen zo hyperactief rondloopt, is het lastig om te kiezen voor nietsdoen. Daarom verbergen mensen het nietsdoen en verzwijgen ze dat ze af en toe helemaal aan het eind van hun Latijn zijn. Als ze er al iets over zeggen, is dat alleen in het gezelschap van heel goede vrienden.

Als er zo weinig wordt gesproken over ontspannen, ontstaat een vals beeld. Je krijgt snel het gevoel dat iedereen onvermoeibaar is en dat jij je tijd verdoet. Daar komt nog bij dat zelfs een pauze niet vrij is van gedachten aan status en prestige. Als mensen van het 'powertype' eens ontspannen, dan is het door middel van een exclusieve activiteit die 'iets oplevert'. Het 'super zijn' gaat voort in de vrije tijd. Niet 's zomers lekker ontspannen aan een geïmproviseerd strandje in de buurt, maar een snelle trip naar Zuid-Frankrijk, omdat daar de beste thalassokuren gegeven worden. En geen terrasje met een ligstoel om een beetje te dommelen, maar op zijn minst op meditatie of retraite in Finland.

Niets ten nadele van boeiende reizen, maar in dit boek gaat het om eenvoud, wat je op elk moment zonder enige moeite voor jezelf kunt doen zonder schuldgevoel of hoge kosten. Het zijn de kleine pauzes die ieder mens meteen in zijn dagelijks leven kan integreren zonder al te veel moeite. Alleen wat makkelijk gedaan kan worden, wordt in het dagelijks leven ook inderdaad toegepast. Ik ben dol op eenvoudige genoegens waarmee je de accu weer kunt opladen. Nu zijn mensen heel verschillend en zo ziet ook rustig ontspannen er bij iedereen anders uit. Ik vermeld hieronder de genoegens die de deelnemers aan mijn workshops het meest hebben genoemd. Misschien staat er iets leuks voor jou tussen.

De kleine genietingen tussendoor

- ⭐ Een kop thee en even naar buiten kijken.
- ⭐ Op zondag tot de middag in bed blijven en dan de hele dag in je huispak rondlopen.
- ⭐ Op de bank liggen en bonbons eten.
- ⭐ Een wandeling maken en een bankje met een mooi uitzicht zoeken.
- ⭐ Uitgebreid in bad, daarbij luisteren naar smartlappen en luidkeels meezingen.
- ⭐ Tekenfilms kijken op televisie.
- ⭐ Wierookstaafjes branden, popmuziek uit de jaren 1960 draaien en lekker meedansen.
- ⭐ Oude liefdesbrieven lezen en er daarna eentje schrijven.
- ⭐ Watermeloen of kersen eten en de pitten zo ver mogelijk wegspugen.

IN PLAATS VAN EEN NAWOORD

Geloof jij in dromen? Ik bedoel de dromen die je 's nachts droomt en waarmee je soms de volgende morgen wakker wordt. Betekenen die iets? Of dienen ze alleen maar ter vermaak, zodat slapen niet zo saai is? Veel dromen zul je snel weer vergeten, maar er zijn ook dromen die indruk maken. Zoveel indruk dat je na het ontwaken niet weet of je hebt gedroomd of dat het echt gebeurd is. Ik wil je vertellen over een dergelijke droom. Als je erover leest, zul je misschien merken dat het op een of andere vreemde manier niet alleen mijn droom is.

De droom begint zo: ik sta op een groot perron en stap in een moderne trein. Comfortabele inrichting, brede stoelen en niet al te veel passagiers. Ik zoek in een ruime coupé een mooie zitplaats en plaats mijn koffer in het bagagerek. De trein rijdt juist weg als ik enkele mensen zie. Ze staan met hun bagage in het gangpad van de coupé, hoewel er overal nog voldoende plaats is. En wat nog vreemder is: ze dragen al staand hun bagage. Ze hebben tassen, zakken en grote koffers bij zich. En dat alles houden ze stevig vast terwijl de trein verder rijdt.

Ik word nieuwsgierig en vraag een man met twee koffers die vlak naast me staat: 'Wilt u uw koffers niet liever neerzetten en gaan zitten?' Hij kijkt me aan en zegt dan met een ernstig gezicht: 'Oh nee, zitten is niets voor mij. Ik vind het zo saai. Ik heb uitdaging nodig. Je wilt immers iets bereiken in je leven.'

Een vrouw die naast hem staat met in elke hand twee grote tassen, knikt: 'Ja, dat vind ik ook. Ik ben ambitieus. Ik wil vooruitkomen en iets presteren. Daarom sta ik ook!' Ik zeg tegen hen: 'Maar het zou toch veel gemakkelijker zijn als u uw bagage op de grond zet.' De man schudt zijn hoofd: 'Wie iets wil bereiken, moet daar ook moeite voor doen. Mijn vader zei altijd: "Zonder vlijt geen overwinning!" Kijk, die stevige leren koffer heb ik van hem geërfd. Daar kan heel veel in.' De man tilt de koffer een stukje hoger. Zijn arm trilt een beetje. De vrouw met de grote tassen zegt: 'Het is allemaal een kwestie van motivatie. Ik zeg steeds weer tegen mezelf: "Je wilt het en je kunt het." Daar ben ik al een heel eind mee gekomen. En als ik dan iets heb bereikt, ga ik eens lekker zitten en ontspan ik.' Ik wilde juist zeggen dat ze toch ook nu meteen kon gaan zitten toen ik een stem hoorde: 'Vervoerbewijzen, alstublieft!' Een vrouw in uniform komt op me af. Ik laat haar mijn treinkaartje zien en terwijl ze vooroverbuigt om het te controleren, vraag ik zachtjes: 'Wat is er met die mensen? Waarom gaan ze niet zitten?' De vrouw knipt een gaatje in mijn treinkaartje en antwoordt: 'Iedereen kan het zich zo makkelijk maken als hij zelf wil. Deze reizigers willen liever staan en hun bagage dragen.' Dan buigt ze zich nog iets verder naar me toe en zegt: 'Weet u, deze mensen geloven dat de trein alleen rijdt als ze zelf hun bagage dragen.' Geschrokken vraag ik: 'En is dat waar?' De vrouw in het uniform glimlacht en fluistert: 'Ik zal u een beroepsgeheim verklappen. Het doet er niet toe of iemand zijn bagage draagt of neerzet. Dat speelt geen enkele rol. Iedere reiziger bereikt het station van zijn of haar keuze. Op zijn of haar eigen tijd.' Ik wil nog een vraag stellen, maar ze onderbreekt me, wenst me een goede reis en loopt door.

Precies op dat moment word ik wakker. Mooi dat het maar een droom was. In werkelijkheid zou niemand de moeite nemen om in een rijdende trein zijn bagage te dragen. Of wel?

Ik wens je een aangename reis. En maak het je makkelijk.

NOG MEER LEZEN

Persoonlijke leestips van de auteur

Mihaly Csikszentmihalyi, *Flow: psychologie van de optimale ervaring* (2008).
Rolf Dobelli, *De kunst van het verstandige doen* (2018).
Rolf Dobelli, *De kunst van goed leven* (2018).
Richard Koch, *Het 80/20-principe* (2017).
Steven D. Levitt en Stephen J. Dubner, *Freakonomics: een tegendraadse econoom ontdekt de verborgen kant van bijna alles* (2014).
Fergus O'Connell, *De kracht van minder is meer* (2015).
John Parkin, *Fuck it* (2015).
Lothar Seiwert, *Time-Management* (2012).
Meik Wiking, *Hygge – De Deense kunst van het leven* (2016).

Website van de auteur

www.barbara-berckhan.de
(Duitstalig)

FOTOVERANTWOORDING

Alle illustraties in dit boek zijn van Martina Frank (München), behalve op blz. 37, 41, 69: Shutterstock/Sharpner, blz. 89: Shutterstock/Iuliia Pavlenko.
Alle foto's en achtergrondontwerpen gebruikt onder licentie van Shutterstock.com.

BRONNEN

De citaten in dit boek zijn afkomstig uit de volgende bronnen:
voorflap: Douglas Harding, *Das Buch von Leben und Tod* (1996); blz. 19: Stephen R. Covey en Rebecca R. Merrill, *Timemanagement volgens Covey* (2014); blz. 43: Timber Hawkeye, *Sit happens. Buddhismus in allen Lebenslagen* (2014); blz. 61: Paul Wilson, *Het grote boek van de rust: meer dan honderd succesvolle technieken voor ontspanning van lichaam en geest* (2000); blz. 75: Astrid Lindgren, uit haar dagboeken van 31-12-1964; blz. 87: David Kundtz, *Stopping – How to be Still when You Have to Keep Going* (1998). Het is helaas niet in alle gevallen gelukt de precieze bron op te sporen.

Original title: *Leichter leben. Genug geschuftet: wie Sie weniger tun und mehr erreichen.*
(Barbara Berckhan)
© MMXVI Scorpio Verlag GmbH & Co. KG, München.
All rights reserved.
© Zuidnederlandse Uitgeverij N.V., Vluchtenburgstraat 7, B-2630 Aartselaar, België, MMXVIII.
Alle rechten voorbehouden.
Deze uitgave door: Deltas, België-Nederland.
Nederlandse vertaling: Emmy Middelbeek-van der Ven

D-MMXVIII-0001-84
NUR 770

BELANGRIJK

Geachte lezer,
De dingen gaan ons beter af als ze gemakkelijk gaan. Met dit boek willen wij je inspireren tot een nieuw levensgevoel en je ondersteunen bij veranderingsprocessen. De inhoud van dit boek werd heel zorgvuldig samengesteld en nauwgezet getoetst, de oefeningen en suggesties hebben zich in de praktijk bewezen. Wees je ervan bewust dat je zelf de verantwoordelijkheid draagt voor de mate waarin je de suggesties wilt toepassen. Auteurs, uitgever en medewerkers kunnen geen verantwoordelijkheid nemen voor de resultaten.